KB153193

하루 1분
한자게임

이 도서의 국립중앙도서관 출판예정도서목록(CIP)은 서지정보유통지원시스템 홈페이지 (http://seoji.nl.go.kr)와 국가자료공동목록시스템(http://www.nl.go.kr/kolisnet)에서 이용하실 수 있습니다.(CIP제어번호 : CIP2018037254)

하루 1분 한자게임

초판 1쇄 발행 2018년 11월 30일

엮은이 YM기획 / **감수** 김연숙
펴낸이 추미경

책임편집 이민애 / **마케팅** 신용천·송문주

펴낸곳 베프북스 / **주소** 경기도 고양시 덕양구 화중로 130번길 48, 6층 603-2호
전화 031-968-9556 / **팩스** 031-968-9557
출판등록 제2014-000296호

ISBN 979-11-86834-75-6 (14320)
        979-11-86834-74-9 (세트)

전자우편 befbooks15@naver.com / **블로그** http://blog.naver.com/befbooks75
페이스북 https://www.facebook.com/bestfriendbooks75

말의 품격이 달라지는 ──────

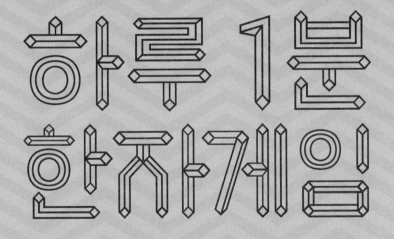

하루 1분
한자게임

YM기획 엮음 | 김연숙 감수

베프북스
Best Friend Books

하루 1분 한자를 통해 품격 있는 언어를!

사피어 워프는 언어에 대한 다음과 같은 가설을 설정했다. 그것은 한 사람이 세상을 이해하는 방법과 행동이 그 사람이 쓰는 언어체계와 관련이 있다는 언어학적인 가설이다. 인간이 사회활동보다 표현수단인 특정 언어에 많은 영향을 받고 현실 세계는 그 집단의 언어습관에 형성된다는 것이다. 이와 같은 저자의 가설이 맞으려면 지구상의 대표적인 언어인 중국 중심의 동양의 언어와 서양의 언어의 차이를 비교해보면 가능하다. 서양의 언어의 특징은 명사를 중심으로 발전해왔다. 명사는 하나의 개체에 치중한다. 개체의 형태와 특징이 어떻게 이루어졌는지 하는 점이 그것이다. 하지만 동양은 동사를 중요시한다. 움직이는 것은 파장이 있기 마련이다. 그래서 개체보다 전체를 본다. 개개인은 전체를 구성하는 일원으로, 개인의 사고는 전체를 중심으로 판단되고 행동하게 된다. 이렇게 접근해 보면 워프의 가설에 많은 점이 가깝게 다가선다.

일부 관료와 지식층 간에 통용된 한자어는 상류층의 언어로 자리 잡았다. 그들의 언어는 유식한 언어로 통하고 자연스럽게 고유한 우리말과 글은 저급한 언어로 취급받게 되었다. 무엇보다 유교적인 관습과 정책이 중요한 이유였지만 더 엄밀히 말하면 한자어는 함축적인 언어라는 데 있다. 소리 나는 대로 우리말을 표현하려면 많은 시간과 지면을 차지할 것이 분명하다. 그러므로 한자어는 중국의 영향 여부를 떠나 이제 우리의 말과 글임을 부인하기 어렵고 우리 사고의 틀이 한자어의 절대적인 영향 아래 있음을 분명한 사실로 인식해야 한다.

이와 같이 우리 언어의 상당부분을 차지하는 한자어지만 그런 한자어의 의미를 우리는 잘 알고 쓰는 것일까. 하지만 의외로 많은 사람이 분명하게 그 뜻을 알지 못하고 쓰는 경우가 많다. 그 이유는 초, 중등과정에서 한자 교육이 등한시되기 때문이다. 언어는 오랜 시간을 통해 변용되고 변질되기 마련이다. 당연히 우리의 사고방식 또한 조금씩 달라질 수밖에 없다. 우리가 점점 서구화되는 것도 무절제한 영어의 사용과도 무관치 않다. 위에서 언급했듯이 언어는 우리의 사고의 틀을 규정하기 때문이다.

'하루 1분 한자게임'은 우리 언어의 핵심을 이루는 중요 한자어에 주안점을 두었다. 바쁜 현대인들이 쉽게 익힐 수 있게 일상에서 많이 쓰는 한자와 사자성어를 중심으로 365일 조금씩 접할 수 있게 구성되어 있다. 한자를 잘 모르는 사람도 쉽고 지루하지 않게 공부할 수 있도록 기초를 마련한 셈이다. 이 책을 통해 많은 사람이 한자어의 본뜻에 한 걸음 더 가까이 다가서서 좀 더 지적인 대화와 글을 쓸 수 있기를 기대해 본다.

– 김연숙(한자코칭연구소 소장)

Contents

이렇게 활용하세요!

결제 서류 or 결재 서류?

풍지박살 or 풍비박산?

우리말의 80%를 이루고 있는 한자어. 직장에서 사용하는 서류나 계약서에, 방송이나 뉴스에 빈번하게 사용되는 한자를 조금만 알아둬도 언어 사용과 상식을 업그레이드할 수 있습니다. 만약 계약서나 기업서류를 다루는 직장인이라면 헷갈리는 한자어와 한자 성어들을 제대로 익혀두는 것은 필수! 하루 1분 재미있게 한자를 익혀보세요.

1. 《하루 1분 한자게임》는…

1Week부터 52Week까지 주말을 제외한 매일 '오늘의 한자'와 '퀴즈'를 통해, 일상생활에서 우리가 많이 사용하는 한자를 자연스럽게 익힐 수 있게 도와줍니다.

2. 헷갈리는 한자어부터 말의 품격을 높여주는 사자성어까지!

챕터1에서는 자주 사용하는 한자어 중에서 발음이 비슷하거나 의미가 비슷해서 혼동하기 쉬운 단어들을 퀴즈와 함께 익힐 수 있게 구성했습니다. 챕터2에서는 매주 주제별로 한자를 익힐 수 있도록 했고, 챕터3 역시 주제별 사자성어와 퀴즈를 수록해 한자를 다채롭고 즐겁게 익힐 수 있도록 구성했습니다.

3. 다양한 팁으로 더욱 알차게

'순화해야 할 일본식 한자어', '부수를 알면 한자의 의미가 보인다'와 같이 실생활에 도움이 되는 팁이 수록되어 있어 더욱 유용합니다.

From
1Week

비슷해서 자주 헷갈리는 한자어,

to
17Week

제대로 익히자!

Day **001** 결제決濟와 결재決裁

두 단어 모두 決(결단할 결)을 사용하고, 발음이 비슷해서 그 쓰임을 많이 헷갈리는 단어입니다. 각각 濟(건널 제)와 裁(마를 재)가 결합되어 서로 다른 의미의 단어가 되었답니다.

> • 결제 : 금전 관계를 깨끗이 마무리하는 것.
> • 결재 : 상관이 부하가 제출한 안건을 검토하여 허가하거나 승인함.

〈오늘 익혀볼 한자〉

決 결단할 결 빠를 혈	決	決	決		
부수 氵 (삼수변, 3획) 총7획					

Q. 다음 문장에 들어갈 단어로 올바른 것을 골라보세요.

  1. 현금으로 (결재/결제) 하시겠습니까?

  2. 대표님께 (결재/결제) 받아야 할 서류가 많다.

A. 1. 결제/2. 결재

Day **002**　　교포僑胞와 동포同胞

교포는 僑(더부살이 교)가 결합되어 '거주(남에게 얹혀 살다)'의 의미가 강하고, 동포는 同(한가지 동)이 결합되어 '혈육 관계(한민족)'를 강조하고 있지요. 즉, 두 단어를 구별하는 포인트는 한국 국적의 유무입니다. 우리나라 국적을 갖고 있는 사람이 다른 나라에 거주하는(얹혀 사는) 사람을 교포라고 하고, 다른 나라에 귀화했거나 시민권을 취득한 사람을 동포라고 합니다. 여기서 한 가지 더, 동포는 교포를 포함하는 개념입니다. 즉, 모든 교포는 동포이기도 하지만, 동포라고 해서 모두 교포인 것은 아닙니다.

〈오늘 익혀볼 한자〉

胞 세포 포	胞	胞	胞		
부수 月 (육달월, 4획) 총9획					

Q. 다음 문장에 들어갈 단어로 올바른 것을 골라보세요.

　　1. 축구선수 정대세는 일본 시미즈 에스펄스에서 활동하고 있지만 한국 국적을 갖고 있으므로 (교포/동포)다.

　　2. 러시아에 귀화해 스케이팅 선수로 활약 중인 빅토르 안은 (교포/동포)다.

A. 1. 교포/2. 동포

Day **003**   지양止揚과 지향志向

자주 쓰임을 헷갈리는 단어 중 하나입니다. 지양은 止(그칠 지), 揚(날릴 양)을 사용하여 '(더 높은 단계에 오르기 위해) 어떠한 것을 하지 않는다'는 뜻이 있습니다. 지향은 志(뜻 지), 向(향할 향)을 사용하여 '어떤 목표로 뜻이 쏠리어 향함'이라는 의미가 있습니다. 방향보다는 목표를 향한 인간의 노력이나 의지에 초점을 맞추고 있지요. 두 단어는 발음이 비슷하지만 정반대의 뜻이기 때문에 각별히 주의하여 사용해야 합니다.

〈오늘 익혀볼 한자〉

止 그칠 지	止	止	止		
부수 止 (그칠지, 4획) 총4획					

Q. 다음 문장에 들어갈 단어로 올바른 것을 골라보세요.

　1. 무턱대고 사과를 요구하는 태도는 (지향/지양)해야 한다.

　2. 우리는 평화 통일을 (지향/지양)한다.

A. 1.지양/2.지향

Day **004**　시제試題와 시재時在

시제는 시의 제목이나 제제, 과거 시험의 주제 등 다양한 의미가 있습니다. 試(시 시), 題(제목 제)를 쓰는 경우, '시험의 글제'라는 의미로 쓰입니다. 시재는 時(때 시)와 在(있을 재)로 이루어져 '당장에 가지고 있는 돈이나 곡식'의 의미로 쓰입니다.

〈오늘 익혀볼 한자〉

在 있을 재	在	在	在	
부수 土 (흙토, 3획) 총6획				

Q. 다음 문장에 들어갈 단어로 올바른 것을 골라보세요.

　1. 사무용품이 떨어지면 회사 (시제/시재)로 구입하세요.

　2. '가을하늘' 이라는 (시제/시재)를 내걸고 백일장이 열렸다.

A. 1. 시재/2. 시제

Day **005**   수순手順과 수속手續

수순과 수속은 여행을 떠날 때 공항에서 많이 듣는 단어입니다. 수순은 어떤 일의 순서나 과정을 의미하고, 수속은 일을 하는데 필요한 사무상의 일정한 절차를 의미합니다. 그런데 手(손 수)와 順(순할 순), 手(손 수)와 續(이을 속). 한자만 봐서는 그 뜻을 추측하기가 쉽지 않습니다. 그 이유는 이 두 한자는 일본어에서 유래한 일본식 한자어이기 때문인데요. 때문에 수순은 '순서'나 '과정'으로, 수속은 '절차'와 같은 단어로 바꿔 사용하는 것이 좋습니다.

〈오늘 익혀볼 한자〉

手 손 수	手	手	手		
부수 手 (손 수, 4획) 총4획					

Q. 다음 문장에 들어갈 단어로 올바른 것을 골라보세요.

　1. 회의는 예정된 (수순/수속)대로 차근차근 진행되었다

　2. 내일 퇴원 (수순/수속)을 밟을 예정이야.

A. 1.수순/2.수속

Day 001 　배상賠償과 보상補償

보상(補 기울(도울) 보, 償 갚을 상)은 적법한 행위를 했는데도 다른 사람에게 손해를 끼쳤을 때, 배상(賠 물어줄 배, 償 갚을 상)은 고의 또는 과실에 의한 불법, 위법행위나 채무불이행 등으로 손해가 발생했을 때 그 피해를 회복시켜주는 것입니다. 쉽게 말하면 보상은 적법한 행위, 배상은 불법, 위법한 행위 등에 대한 피해 보전입니다. 보통 '보상' 앞에는 '손실'이 붙고, '배상' 앞에는 '손해'가 붙는 것이 바로 이 때문입니다.

〈오늘 익혀볼 한자〉

償 갚을 상	償	償	償		
부수 亻 (사람인변, 2획) 총17획					

Q. 다음 문장에 들어갈 단어로 올바른 것을 골라보세요.

　1. 국가에서 시행하는 지역발전 사업 때문에 개인이 소유한 땅을 국가에서 인수하면서 시세에 맞는 금액을 (보상/배상)해주었다.

　2. 앞차가 급브레이크를 밟는 바람에 접촉사고가 났다. 보험사를 통해 손해(보상/배상)을 청구할 예정이다.

A. 1.보상/2.배상

Day **002**   곤욕困辱과 곤혹困惑

> • **곤욕** : 困 곤할 곤, 辱 욕될 욕. 심한 모욕이나 참기 힘든 일.
> • **곤혹** : 困 곤할 곤, 惑 미혹할 혹. 곤란한 일을 당하여 어찌할 바를 모르는 감정.

곤욕과 곤혹은 같은 한자 困(곤할 곤)을 사용하지만, 곤욕은 남에게 당하는 것이고 곤혹은 스스로 느끼는 감정이므로 그 쓰임이 전혀 다릅니다.

〈오늘 익혀볼 한자〉

困 곤할 곤	困	困	困		
부수 口 (큰입구몸, 3획) 총7획					

Q. 다음 문장에 들어갈 단어로 올바른 것을 골라보세요.

　1. 예기치 못한 질문에 (곤욕/곤혹)스러웠다.

　2. 함부로 악플을 달다가는 큰 (곤욕/곤혹)을 치르게 될 거야.

A. 1.곤혹/2.곤욕

18

Day **003** 개발開發과 계발啓發

개발과 계발은 모두 發(필 발)을 사용하고 있지만, 각각 開(열 개), 啓(열 계)와 결합해 다른 의미로 쓰입니다. 개발은 새롭게 무언가를 만들어 내는 것을 말하고, 계발은 잠재되어 있는 슬기, 재능, 사상 따위를 일깨워둔다는 의미로 쓰입니다. 그러니까 재능은 '계발'하고 제품은 '개발'하는 것이지요.

〈오늘 익혀볼 한자〉

發 필 발	發	發	發		
부수 癶 (필발머리, 5획) 총12획					

Q. 다음 문장에 들어갈 단어로 올바른 것을 골라보세요.

　1. 그는 신제품 (개발/계발)에 박차를 가하고 있다.

　2. 나는 자기(개발/계발)을 위해 퇴근 후 도서관에 가서 공부한다.

A. 1.개발/2.계발

19

Day **004**   경신과 갱신

경신과 갱신은 모두 更(고칠 경)과 新(새 신)이 결합된 단어입니다. 그런데 한자 '更'은 '고친다'는 뜻으로 쓰일 때는 '경'으로, '다시'라는 뜻으로 쓰일 때는 '갱'으로 읽히는 한자입니다. 때문에 상황에 따라 다르게 읽고, 써야 하는 단어지요. 경신은 이미 있던 것을 고쳐 새롭게 한다는 의미로 쓰이고, 갱신은 쓸모없게 된 것에 무엇을 추가하거나 그것을 새롭게 만든다는 의미로 쓰입니다. 갱신은 주로 계약 갱신, 비자 갱신과 같이 법률관계의 존속 기간이 끝났을 때 그 기간을 연장하는 일이라는 의미로 사용됩니다.

〈오늘 익혀볼 한자〉

更 다시 갱 고칠 경	更	更	更		
부수 曰 (가로 왈, 4획) 총7획					

Q. 다음 문장에 들어갈 단어로 올바른 것을 골라보세요.

  1. 이번 달 말일이 전세 계약 (갱신/경신)하는 날이야.

  2. 우리가 응원했던 선수가 마라톤에서 세계기록을 (갱신/경신)했어!

A. 1. 갱신/2. 경신

Day **005**   모사模寫와 묘사描寫

모사(模 본뜰 모, 寫 베낄 사)는 성대모사, 모사품 등 대상을 흉내 내거나 그대로 표현하는 것이라는 의미이고, 묘사(描 그릴 묘, 寫 베낄 사)는 심리 묘사, 현장 묘사 등 대상이나 현상을 언어로 서술하거나 그림으로 나타낸다는 뜻이 있습니다.

〈오늘 익혀볼 한자〉

寫 베낄 사	寫	寫	寫		
부수 ↖ (갓머리, 3획) 총15획					

Q. 다음 문장에 들어갈 단어로 올바른 것을 골라보세요.

  1. 필체를 대조한 결과, 이 서적은 (모사/묘사)본임이 밝혀졌습니다.

  2. 그 작가의 소설을 읽으면 마치 눈앞에 그 장면이 펼쳐진 것처럼 느껴졌어.

    소설의 배경 (모사/묘사)는 이야기를 더욱 흥미진진하게 해주는 요소였지.

A. 1.모사/2.묘사

Day **001** 천상天上과 천생天生

'하늘로부터 타고 났다'는 의미로 말을 할 때 두 단어를 혼동하여 사용하는 경우가 많습니다. 하지만 이 경우에는 천생을 사용하는 것이 맞습니다. 천상은 天(하늘천)과 上(위 상)이 결합한 '하늘 위'라는 의미의 단어입니다.

〈오늘 익혀볼 한자〉

生 날 생	生	生	生		
부수 生 (날생, 5획) 총5획					

Q. 다음 문장에 들어갈 단어로 올바른 것을 골라보세요.

    1. 가혹한 수탈에 (천상/천생)의 농사꾼도 마침내 땅을 버릴 어려운 결심을 한 것이었다.

    2. 그녀는 마치 (천상/천생)에서 내려온 선녀처럼 아름다웠다.

A. 1.천생/2.천상

Day **002** 혈혈子子과 홀홀忽忽하다

홀몸, 홀아비, 홀어미 등 '짝이 없이 혼자뿐인'의 뜻을 더하는 접두사 '홀'을 외로울 '혈(孑)'과 혼동하여 사용하는 경우가 많습니다. '의지할 곳이 없는 외로운 홀몸'이라는 뜻으로는 '혈혈단신'이라고 하는 것이 바른 표현입니다. 홀홀은 순우리말로 물체가 가볍게 날리는 모양을 뜻하며, 홀홀(忽忽)은 홀홀하다의 어근으로 조심성이 없고 행동이 매우 가볍다는 의미입니다.

〈오늘 익혀볼 한자〉

孑 외로운 혈	孑	孑	孑		
부수 孑 (아들 자, 3획) 총3획					

Q. 다음 문장에 들어갈 단어로 올바른 것을 골라보세요.

  1. 나비들이 이 꽃 저 꽃 (혈혈/홀홀) 날아다닌다.

  2. 그는 처자식을 고국에 두고 (혈혈/홀홀)단신으로 만주로 떠났다.

A. 1. 홀홀/2. 혈혈

Day **003** 상제喪制와 상주喪主

상제는 喪(잃을 상), 制(절제할 제/지을 제)가 합쳐진 말로, 부모나 조부모가 세상을 떠나서 거상(居喪) 중에 있는 사람을 모두 일컫는 말입니다. 상주는 상제 중에 대표를 말합니다. 主(임금 주/주인 주)를 보면 쉽게 그 의미를 파악할 수 있지요.

〈오늘 익혀볼 한자〉

主 임금 주 주인 주	主	主	主		
부수 丶 (점주, 1획) 총5획					

Q. 다음 문장에 들어갈 단어로 올바른 것을 골라보세요.

　　1. 맏아들인 그가 (상주/상제)가 되어 장례식장을 지켰다.

　　2. 상여가 마을을 떠날 때, (상주/상제)들의 통곡은 정말 사무치는 것이었다.

Day **004**   게재揭載와 개재介在

게재는 揭(높이 들 게)와 載(실을 재)가 합쳐진 단어로 '글이나 그림 따위를 신문이나 잡지 따위에 실음'이란 뜻을 가지고 있습니다. 같은 발음이 나는 개재를 잘못 사용하는 경우가 있는데, 개재는 介(낄 개)와 在(있을 재)로 이루어져 있으며, '어떤 것들 사이에 끼여 있음'이란 의미를 가지고 있어 그 뜻이 전혀 다릅니다.

〈오늘 익혀볼 한자〉

揭 높이 들 게 걸 게	揭	揭	揭		
부수 扌 (재방변, 3획) 총12획					

Q. 다음 문장에 들어갈 단어로 올바른 것을 골라보세요.

　1. 이번 협상에는 수많은 변수가 (개재/게재)되어 있다.

　2. 신문에 (개재/게재)된 광고를 보고 상점에 찾아갔다.

A. 1. 개재/2. 게재

Day **005** 교정矯正과 교정校正/校訂

우리는 보통 '바로잡다'는 뜻으로 '교정'이란 단어를 자주 사용하지요. 그런데 '교정'을 한자로 쓸 때는 그 뜻을 생각하며 잘 구분하여 사용해야 합니다.

'좋지 않은 버릇이나 결점 따위를 바로잡음'이란 의미로 쓸 때는 矯(바로잡을 교), 正(바를 정)을 쓰고, '출판물이나 다른 사람의 문장을 고치거나, 잘못된 글자를 바로잡음'이란 의미로 쓸 때는 校(학교 교)와 正(바를 정), 또는 訂(바로잡을 정)을 씁니다.

〈오늘 익혀볼 한자〉

矯 바로잡을 교	矯	矯	矯		
부수 矢 (화살 시, 5획) 총17획					

Q. 다음 문장에 들어갈 단어로 올바른 것을 골라보세요.

1. 교도소에서 시행되는 다양한 프로그램은 갱생을 위한 (矯正/校正) 프로그램이 대부분이다.

2. 원고에 오탈자가 많아 (矯正/校正) 보는 데 애를 먹었다.

A. 1.矯正/2.校正

Day 001　초고礎稿와 초보初步

퇴고의 바탕이 된 원고, 초벌로 쓴 원고를 '초고'라고 합니다. 그리고 보행이나 학문, 기술 등의 첫걸음을 가리켜 '초보'라고 하지요. 이 두 단어에 사용되는 '초'가 각기 다른 한자라는 사실, 아셨나요?

초고는 礎(주춧돌 초)와 稿(원고 고)를 쓰고, 초보는 初(처음 초)와 步(걸음 보)를 씁니다. '시작'이나 '처음'이란 의미를 갖고 있기 때문에 두 단어가 같은 '초'를 쓴다고 생각할 수 있지만 이렇게 다른 한자를 쓴다는 사실, 기억해두세요.

〈오늘 익혀볼 한자〉

初 처음 초	初	初	初		
부수 刀 (칼도, 2획) 총7획					

Q. 다음 중 初(처음 초)가 포함된 단어를 고르세요.

　1. 초등

　2. 기초

　3. 초창기

A. 1. 초등(初等)
(기초(基礎)는 다질 초, 초창기(草創期)는 풀 초 사용)

27

Day **002**   관여關與와 간여干與

관여는 關(관계 관), 與(더불 여)로 이루어져 '어떤 일에 관계하여 참여함'이라는, 간여는 干(방패 간), 與(더불 여)로 이루어져 '어떤 일에 간섭하여 참여함'이라는 비슷한 의미를 갖고 있습니다. 다만 관여는 처음부터 참여나 관계의 의미가, 간여는 중간에 간섭이나 참견의 의미가 조금 더 강하다고 할 수 있습니다.

〈오늘 익혀볼 한자〉

與 더불 여	與	與	與		
부수 臼 (절구구변) 총14획					

Q. 다음 중 與(더불 여)가 포함되지 않은 단어를 고르세요.

  1. 참여

  2. 기여

  3. 여론

(참여參與語/기여寄與語)

A. 3. 여론(輿 수레 여, 論 논할 론)

Day **003**   사단事端과 사달

많은 사람들이 '사단'과 '사달'을 혼동해서 사용합니다. '사달'은 사고나 탈을 뜻하는 순 우리말입니다. 반면에 '사단'은 事(일 사), 端(끝 단)을 결합한 단어로 복잡하게 얽혀 있는 일이나 사건을 풀어 나갈 수 있는 단서를 의미합니다. 어떤 일의 실마리를 뜻하는 端을 잘 기억해둡시다.

〈오늘 익혀볼 한자〉

端 끝 단	端	端	端		
부수 立 (설 립, 5획) 총14획					

Q. 다음 문장에 들어갈 단어로 올바른 것을 골라보세요.

　1. 전력 공급이 중단되어 (사단/사달)이 났다.

　2. 그는 문화제의 성격과 관련한 행사의 주제나 종류 따위를 윤곽 짓는 일과
　　그 (사단/사달)을 구하는 작업이 우선 중요했다.

A. 1.사달/2.사단

Day **004** 누적累積과 축적蓄積

累(여루(러) 누), 積(쌓을 적)을 쓰는 누적은 포개져 여러 번 쌓이는 걸 뜻하는 말로 시간이 지남에 따라 자연적으로 쌓이는 경우에 주로 쓰이는 말입니다. 비슷하게 사용하는 단어로 축적이 있는데요. 蓄(쌓을 축), 積(쌓을 적)을 쓰는 축적은 지식, 경험, 자금 따위를 모아서 쌓는 것으로 의지를 가지고 모으는 경우에 주로 쓰입니다.

〈오늘 익혀볼 한자〉

積 쌓을 적	積	積	積		
부수 禾 (벼화, 5획) 총16획					

Q. 다음 문장에 들어갈 단어로 올바른 것을 골라보세요.

1. 오랜 야근으로 피로가 (누적/축적)됐다.

2. 신제품의 성공으로 그는 막대한 부를 (누적/축적)했다.

A. 1. 누적/2. 축적

30

Day **005**   감상感想과 감상感傷

두 단어 모두 感(느낄 감)을 포함하고 있지만 그 의미는 조금 다릅니다. 想(생각 상)으로 이루어진 감상은 '마음에 느끼어 생각함, 느끼어 일어나는 생각'이란 의미가 있고, 傷(다칠 상)으로 이우어진 감상은 '마음에 느끼어 슬퍼함, 감정이 하찮은 자극에도 쉽사리 흔들리어 움직이는 심적 경향'이란 의미가 있습니다. 때문에 흔히 우리가 말하는 '감상에 젖다'는 말에 쓰이는 감상은 感傷으로 써야 합니다.

〈오늘 익혀볼 한자〉

感 느낄 감	感	感	感		
부수 心 (마음 심, 4획) 총13획					

Q. 다음 문장에 들어갈 단어로 올바른 것을 골라보세요.

   1. 객지에서 얻은 (感傷/感想)을 쓰는 것이 기행문이다.

   2. 나는 힘없이 누워 가슴 쓰린 (感傷/感想)과 비애를 맛보았다.

A. 1.感想/2.感傷

Day **001**   자초自招와 자처自處

자초는 自(스스로 자), 招(부를 초)로 이루어져 '어떤 결과를 자기가 생기게 하다. 제 스스로 끌어들이다'라는 의미로 사용됩니다. 자처는 自(스스로 자), 處(곳 처)로 이루어져 '자기를 어떤 사람으로 여겨 그렇게 처신하다'라는 의미로 사용됩니다.

〈오늘 익혀볼 한자〉

自 스스로 자	自	自	自		
부수 自 (스스로 자, 6획) 총6획					

Q. 다음 문장에 들어갈 단어로 올바른 것을 골라보세요.

　1. 그는 자신의 분야에서만큼은 아시아 최강임을 (자처/자초)했다.

　2. 공연히 전쟁을 일으켰다가 나라를 잃는 비극을 (자처/자초)했다.

A. 1.자처/2.자초

32

Day **002**   수행遂行과 수행修行

계획한 대로 해낸다는 의미로 수행을 쓸 때는 遂(따를 수), 行(다닐 행)이라 쓰고, 학문이나 기예를 닦는다는 의미로 수행을 쓸 때는 修(닦을 수), 行(다닐 행)이라고 씁니다. 계획을 따른다는 의미의 遂, 갈고 닦는다는 의미의 修를 눈여겨 봐두세요.

〈오늘 익혀볼 한자〉

行 다닐 행	行	行	行		
부수 行 (다닐 행, 6획) 총6획					

Q. 다음 문장에 들어갈 단어로 올바른 것을 골라보세요.

　1. 전 사원은 직무 (修行/遂行) 능력을 향상시켜야 한다.

　2. 그는 오랜 (修行/遂行)의 길을 떠났다.

A. 1. 遂行/2. 修行

33

Day **003**   정숙靜肅과 정숙貞淑

한글로 쓸 때는 같지만 한자로 쓸 때 구분해서 써야 하는 단어로 정숙이 있습니다. '조용하고 엄숙함'이라는 의미로 쓸 때는 靜(고요할 정), 肅(엄숙할 숙)이라고 쓰고, '여인의 행실이 곱고 마음씨가 맑음'이라는 의미로 쓸 때는 貞(곧을 정), 淑(맑을 숙)이라고 씁니다.

〈오늘 익혀볼 한자〉

貞 곧을 정	貞	貞	貞		
부수 貝 (조개 패, 7획) 총9획					

Q. 다음 문장에 들어갈 단어로 올바른 것을 골라보세요.

1. 예배당에는 신자들이 모여 앉아 (靜肅/貞淑)하게 기도를 올리고 있었다.

2. 그녀는 몸가짐이 (靜肅/貞淑)하면서 우아했다.

A. 1.靜肅 / 2.貞淑

34

Day **004**　　재원財源과 자원資源

재원은 財(재물 재), 源(근원 원)으로 이루어져 '재화나 자금이 나올 원천'이라는 뜻으로 사용됩니다. 자원은 資(재물 자), 源(근원 원)으로 이루어져 '인간 생활 및 경제 생산에 이용되는 원료로서의 광물, 산림, 수산물 따위를 통틀어 이르는 말'입니다.

〈오늘 익혀볼 한자〉

源 근원 원	源	源	源		
부수 氵 (삼수변, 3획) 총13획					

Q. 다음 중 源(근원 원)이 포함되지 않은 단어를 고르세요.

　1. 원천징수

　2. 원산지

　3. 원천지

A. 2. 원산지原産地/근원 원(源) 등 사용됨

(원천징수源泉徵收/원천지源泉地)

Day **005**　　유례類例와 유래由來

두 단어의 발음이 같아 혼동하여 사용하는 경우가 많습니다. 유례는 類(무리 유), 例(법식 례)로 이루어져 주로 없거나 적다는 뜻의 서술어와 함께 쓰이며, '같거나 비슷한 예' 또는 '이전부터 있었던 사례'라는 뜻을 나타내는 말입니다. 한편, 유래는 由(말미암을 유), 來(올 래)로 이루어져 사물이나 일이 생겨남 또는 그 사물이나 일이 생겨난 바를 이르는 말입니다.

〈오늘 익혀볼 한자〉

由 말미암을 유	由	由	由		
부수 田 (밭 전, 5획) 총5획					

Q. 다음 문장에 들어갈 단어로 올바른 것을 골라보세요.

　1. 역사상 (유래/유례)가 없는 이변이 일어났다.

　2. 민속 행사의 (유래/유례)는 신라 때로 거슬러 올라간다.

A. 1.유례/2.유래

Day 001 　연패連敗와 연패連覇

읽었을 때의 소리는 같지만 뜻이 다른 낱말을 동음이의어라고 하는데요. 가장 대표적인 단어가 '연패'입니다. 소리는 같지만 정 반대의 의미를 갖고 있지요. '운동 경기 따위에서 싸울 때마다 내리 진다'는 의미의 연패는 連(잇닿을 연)에 敗(패할 패)를 사용하고, '운동 경기 따위에서 싸울 때마다 잇따라 이긴다'는 의미의 연패는 連(잇닿을 연)에 覇(으뜸 패)를 사용합니다.

〈오늘 익혀볼 한자〉

連 잇닿을 연	連	連	連		
부수 辶 (책받침4, 4획) 총11획					

Q. 다음 문장에 들어갈 단어로 올바른 것을 골라보세요.

　1. 그 선수는 작년에 이어 올해 마라톤 경기에서도 우승함으로써 2년 (連敗/連覇)를 기록했다.

　2. 한국 야구는 (連敗/連覇)의 늪에 빠졌다.

A. 1.連覇/2.連敗

Day 002 출가出家와 출가出嫁

'속세를 떠난다'는 의미의 출가와 '시집을 간다'는 의미의 출가의 한자가 서로 다르다는 사실 알고 계셨나요? 속세를 떠난다는 의미의 출가는 집을 떠난다는 뜻에서 '出(날 출), 家(집 가)'로 이루어져 있습니다. 한편 시집을 간다는 의미의 출가는 '出(날 출), 嫁(시집갈 가)'로 이루어져 있지요.

〈오늘 익혀볼 한자〉

出 날 출	出	出	出		
부수 凵 (위터진입구몸, 2획) 총5획					

Q. 다음 문장에 들어갈 단어로 올바른 것을 골라보세요.

1. 이제는 (出家/出嫁)외인이니 집안 걱정은 하지 말거라.
2. 그는 불교에 귀의하기 위해 (出家/出嫁)하기로 결심하였다.

A. 1.出嫁/2.出家

Day **003** 반증反證과 방증傍證

반증은 反(돌이킬 반), 證(증거 증)으로 이루어져 '어떤 사실과 반대되는 증거로 그 사실이 그릇되었음을 증명함'이라는 의미를 가집니다. 방증은 傍(곁 방), 證(증거 증)으로 이루어져 '어떤 일의 진상을 밝혀 주는 간접적인 증거'라는 의미를 가집니다.

〈오늘 익혀볼 한자〉

證 증거 증	證	證	證		
부수 言 (말씀 언, 7획) 총19획					

Q. 다음 문장에 들어갈 단어로 올바른 것을 골라보세요.

1. 그의 분노는 그녀를 매우 사랑했었다는 (반증/방증)일 수도 있다.

2. 이 책은 그가 우리 역사 연구의 독보적인 존재라는 하나의 (반증/방증)이 될 수 있을 것이다.

A. 1. 반증/2. 방증

Day **004**   흡입력吸入力과 흡인력吸引力

흡입력과 흡인력은 모두 '빨아들이는 힘'이라는 의미가 있습니다. 그런데 쓰임에 있어서 주로 사용하기로는 흡인력(吸 마실 흡, 引 끌 인, 力 힘 력)은 사람의 마음을 사로잡거나 끌어당기는 힘으로, 흡입력(吸 마실 흡, 入 들 입, 力 힘 력)은 기체나 액체 따위를 빨아들이는 힘으로 사용합니다.

〈오늘 익혀볼 한자〉

吸 마실 흡	吸	吸	吸		
부수 口 (입구, 3획) 총7획					

Q. 다음 문장에 들어갈 단어로 올바른 것을 골라보세요.

　1. 이 제품은 모터가 두 개 달린 무선형의 신개념 청소기로 기존 경량 청소기보다 최소 2배 이상 뛰어난 (흡입력/흡인력)을 자랑한다.

　2. 이 작품은 (흡입력/흡인력) 있는 문체와 독특한 감수성으로 당대의 독자들에게 열광적인 호응을 받았다.

Day **005**   판사判事와 변호사辯護士

판사는 判(판단할 판), 事(일 사)를 쓰고, 변호사는 辯(말씀 변), 護(도울 호), 士(선비 사)를 사용합니다. 두 사람 다 법을 다루는 사람인데, 왜 판사는 事(일 사)를 쓰고 변호사는 士(선비 사)를 쓸까요? 변호사처럼 士를 사용하는 것들이 속기사(速記士), 변리사(辨理士), 회계사(會計士) 등인데, 이들 모두 공인기관에서 인정하는 일정한 조건을 갖춘 이들입니다. 즉, 자격증을 갖고 있는 사람인 것이지요. 그에 반해 事는 이사(理事), 도지사(道知事) 등 일정한 직임을 맡은 임명직을 일컬을 때 쓰입니다.

〈오늘 익혀볼 한자〉

事 일 사	事	事	事		
부수 亅 (갈고리궐, 1획) 총8획					

Q. 다음 중 事(일 사)가 포함된 단어를 고르세요.

　1. 기관사

　2. 사업가

　3. 변리사

A. 2.사업가事業家
(기관사機關士, 변리사辨理士)

Day **001**   만연蔓延과 만면滿面

널리 번지어 퍼진다는 의미의 만연과 온 얼굴을 뜻하는 만면의 '만'을 같은 한자
로 혼동하는 경우가 있습니다. 만연은 蔓(덩굴 만), 延(늘일 연)으로, 만면은 滿(찰 만),
面(낯 면)으로 씁니다. 蔓(덩굴 만)은 넓다는 의미가 있지만, 滿(찰 만)은 그런 의미보
다 온(전부) 가득하다, 풍족하다는 의미로 씁니다.

〈오늘 익혀볼 한자〉

滿 찰 만	滿	滿	滿		
부수 氵 (삼수변, 3획) 총14획					

Q. 다음 밑줄 친 단어 중 滿(찰 만)이 포함되지 않은 것을 고르세요.

　1. 그렇게 자만하다간 큰코다친다.

　2. 다이어트에 실패하지 않으려고 비만 클리닉을 예약했어.

　3. 여권 기한이 만료됐다.

(滿了, 滿了, 滿了)

A. 1. 自慢滿

Day **002**   금실과 금슬琴瑟

부부간의 사랑을 나타내는 말로 '금슬'이 맞는 표현인지 '금실'이 맞는 표현인지 헷갈릴 때가 많습니다. 금슬은 거문고와 비파의 음률이 잘 어울린다는 뜻인 '금슬지락(琴瑟之樂)'에서 비롯된 말입니다. 이것이 음운 변화 및 의미 변화를 겪어 현대 국어에서는 '부부간의 사랑'을 나타낼 때 '금실'로 많이 쓰고 있습니다. 그래서 원말인 '금슬'과 함께 '금실'도 표준어로 인정하고 있습니다. 그러나 거문고와 비파를 나타낼 때는 원래대로 '금슬'을 써야 합니다.

〈오늘 익혀볼 한자〉

琴 거문고 금	琴	琴	琴		
부수 玉 (구슬옥변, 4획) 총12획					

瑟 큰거문고 슬	瑟	瑟	瑟		
부수 玉 (구슬옥변, 4획) 총13획					

Day **003**   공포公布와 공표公表

공포(公 공평할 공. 布 펼 포)와 공표(公 공평할 공. 表 겉 표)는 '널리 알린다'는 의미를 공통적으로 갖고 있어서 헷갈리기 쉽습니다. 하지만 '법적 효력'의 유무에 따라 구분하여 사용해야 합니다. 법률 용어로써 법적 효력을 갖는 절차를 의미하는 경우에는 공포를, 공개 발표의 목적으로 사용할 경우에는 공표를 사용해야 합니다.

〈오늘 익혀볼 한자〉

公 공평할 공	公	公	公		
부수 八 (여덟팔, 2획) 총4획					

Q. 다음 문장에 들어갈 단어로 올바른 것을 골라보세요.

1. 이 영화의 제작사는 경쟁사를 의식해 영화 제작 사실의 (공포/공표)를 미루었다.
2. 그 법률은 (공포/공표)와 동시에 곧 시행되었다.

Day **004**   격앙激昂과 격양激揚

격양이 격앙을 잘못 쓴 단어라고 생각하기 쉽지만, 두 단어 모두 표준국어사전에 올라 있는 단어들입니다. 격앙은 激(격할 격)과 昂(밝을 앙)이 합해져 '감정이나 기운이 격렬히 일어나 높아지는 것'을 말하고, 격양 역시 激(격할 격)과 揚(날릴 양)이 합해져 '기운이나 감정이 몹시 움직이어 일정하지 않은 상태'를 말합니다. 발음뿐만 아니라 의미나 쓰임이 비슷한 단어입니다.

〈오늘 익혀볼 한자〉

激 격할 격	激	激	激		
부수 氵 (삼수변, 3획) 총16획					

Q. 다음 밑줄 친 단어 중에 激(격할 격)이 포함되지 않은 것을 고르세요.

1. 수고한 직원들을 위해 <u>격려금</u>을 준비했다.

2. 할아버지는 해방 이후의 <u>격동기</u>를 겪으며 살아오셨다.

3. 적군의 배 수십 척을 <u>격침</u>시켰다.

A. 3 격침擊沈(칠 격, 잠길 침)
(격려금激勵金, 격동기激動期 격동기)

Day **005**　　공략攻略과 공약公約

공략은 攻(칠 공), 略(간략할 략)으로 군대의 힘으로 적의 영토나 진지를 공격하여 빼앗음, 적극적인 자세로 나서 어떤 영역 따위를 차지하거나 어떤 사람을 자기편으로 만듦을 비유적으로 이르는 말입니다. 공약은 公(공평할 공), 約(맺을 약)으로 정부, 정당, 입후보자 등이 어떤 일에 대하여 국민에게 실행할 것을 약속함, 또는 그런 약속을 이르는 말입니다.

〈오늘 익혀볼 한자〉

攻 칠 공	攻	攻	攻	
부수 攵 (등글월문, 4획) 총7획				

Q. 다음 문장에 들어갈 단어로 올바른 것을 골라보세요.

1. 적 진지의 (공략/공약)은 야간을 이용하는 것이 좋다.

2. 그녀는 선거 기간 동안 자기가 (공략/공약)했던 내용을 성실히 실천에 옮겼다.

A. 1.공략/2.공약

Day **001**   보전保全과 보존保存

보전(保 지킬 보, 全 온전할 전)은 '온전하게 보호하여 유지함'이란 의미를 갖고 있고,
보존(保 지킬 보, 存 있을 존)은 '잘 보호하고 간수하여 남김'이란 의미를 갖고 있습니
다. 두 단어 모두 무엇을 보호하여 지킨다는 의미는 공통적으로 갖고 있지만, '보
전'은 훼손될 우려가 있는 대상을 지켜야 한다는 의미가 있고, '보존'은 현재 상태
를 지켜서 앞으로도 같은 상태에 있게 한다는 의미가 있습니다.

〈오늘 익혀볼 한자〉

保 지킬 보	保	保	保		
부수 亻 (사람인변, 2획) 총9획					

Q. 다음 문장에 들어갈 단어로 올바른 것을 골라보세요.

　1. 환경 (보존/보전)에 힘쓰는 것은 우리 후손을 위한 일이다.

　2. 장기간 (보존/보전)을 하시려면 반드시 냉장 보관을 하십시오.

A. 1.보전/2.보존

Day **002**   신변身邊과 신병身病

기사를 보다 보면 '신변 비관' 또는 '신병 비관'이란 말을 종종 보게 됩니다. 어떤 말이 맞을까요? 신변은 身(몸 신), 邊(가 변)으로 이루어진 단어로 '자기 몸이나 주변에 일어난 일'을 의미합니다. 신병은 身(몸 신), 病(병 병)으로 이루어진 단어로 '몸에 생긴 병'을 의미합니다. 따라서 둘 다 그 의미에 맞게 구분하여 사용할 수 있습니다.

〈오늘 익혀볼 한자〉

身 몸 신	身	身	身		
부수 身 (몸 신, 7획) 총7획					

Q. 다음 문장에 들어갈 단어로 올바른 것을 골라보세요.

1. 아버지께서는 (신변/신병)을 치료하기 위해 미국으로 가셨다.

2. 그는 자살하기 며칠 전부터 자신의 (신변/신병)을 정리했던 것으로 밝혀졌다.

Day **003**   뇌졸중? 뇌졸증?

뇌졸중(腦卒中)은 뇌에 혈액 공급이 제대로 되지 않아서 손발의 마비, 언어 장애, 호흡 곤란 따위를 일으키는 병입니다. 보통은 뇌졸중을 병의 일종이기 때문에 뇌졸증이라고 쓰기도 하는데요. 뇌졸중이 맞는 표현으로, '졸중(卒 마칠 졸, 中 가운데 중)'은 '무엇에 맞아서 나가떨어진 상태'를 의미합니다.

〈오늘 익혀볼 한자〉

腦 골 뇌 뇌수 뇌	腦	腦	腦		
부수 月 (육달월, 4획) 총13획					

卒 마칠 졸	卒	卒	卒		
부수 十 (열 십, 2획) 총8획					

Day **004**   방화放火와 방화防火

두 단어는 소리가 같지만 그 뜻은 전혀 다릅니다. 放(놓을 방), 火(불 화)로 이루어진 방화는 일부러 불을 지르는 것을 말하지만, 防(막을 방), 火(불 화)로 이루어진 방화는 불이 나는 것을 미리 막는 것을 말합니다.

〈오늘 익혀볼 한자〉

放 놓을 방	放	放	放		
부수 攵 (등글월문, 4획) 총8획					

Q. 다음 문장에 들어갈 단어로 올바른 것을 골라보세요.

   1. 겨울철 (放火/防火) 대책에 만전을 기하자.

   2. 오늘 새벽, 상가 건물에 (放火/防火)로 추정되는 불이 났다.

A. 1.防火/2.放火

Day **005**   사재私財와 사재社財

이 두 단어 역시 소리는 같지만 의미는 전혀 다릅니다. 私(사사 사) 財(재물 재)의 경우, 개인이 사사로이 소유한 재산이라는 의미이고, 社(모일 사) 財(재물 재)의 경우 회사에 속하는 재산이라는 의미입니다.

〈오늘 익혀볼 한자〉

財 재물 재	財	財	財		
부수 貝 (조개패, 7획) 총10획					

Q. 다음 문장에 들어갈 단어로 올바른 것을 골라보세요.

　1. 그는 (私財/社財)를 털어 불우 이웃을 도왔다.

　2. 우리 회사 (私財/社財)의 대부분은 부동산이다.

A. 1. 私財/2. 社財

Day **001**   산림山林과 삼림森林

산림(山 뫼 산, 林 수풀 림)은 산과 숲, 또는 산에 있는 숲이란 의미가 있으며, 삼림(森 수풀 삼, 林 수풀 림)은 나무가 많이 우거진 숲이란 의미가 있습니다. 한자를 보면 알수 있듯이 산림은 글자 그대로 산과 숲을 의미하고 삼림은 숲만을 의미한다고 볼수 있습니다.

〈오늘 익혀볼 한자〉

森 수풀 삼	森	森	森		
부수 木 (나무 목, 4획) 총12획					

林 수풀 림	林	林	林		
부수 木 (나무 목, 4획) 총8획					

게양이 표준어이고 계양은 틀린 말로 잘못 알고 있는 사람이 많지만 두 단어 모두 표준어이고 서로 다른 의미를 갖고 있습니다. 게양은 揭(높이 들 게), 揚(날릴 양)으로 이루어져 '높이 거는 일'을 의미하고, 계양은 繼(이을 계), 養(기를 양)으로 이루어져 '효성으로써 부모를 섬기는 일을 이어서 함'을 의미합니다.

〈오늘 익혀볼 한자〉

揭 높이 들 게	揭	揭	揭		
부수 扌 (재방변, 3획) 총12획					

Q. 다음 문장에 들어갈 단어로 올바른 것을 골라보세요.

  1. 비가 올 때는 국기 (게양/계양)을 하지 않아도 된다.

  2. 소년은 홀로 부모를 (게양/계양)하기 위해 험한 일도 마다하지 않았다.

A. 1.게양/2.계양

Day **003**　사숙私淑과 사사師事

스승으로 여긴다는 의미에서 두 단어를 혼동하여 사용하는 경우가 있습니다. 사숙은 私(사사 사), 淑(맑을 숙)으로 이루어진 단어로 '직접 가르침을 받지는 않았으나 마음속으로 그 사람을 본받아서 도나 학문을 배우거나 따름'이란 의미가 있습니다. 반면 사사는 師(스승 사), 事(일 사)로 이루어진 단어로 '스승으로 섬김 또는 스승으로 삼고 가르침을 받음'이란 의미가 있습니다. 즉, 직접 배웠느냐 아니냐가 쓰임을 판가름한다고 할 수 있습니다.

〈오늘 익혀볼 한자〉

師 스승 사	師	師	師		
부수 巾 (수건 건, 3획) 총10획					

Q. 다음 문장에 들어갈 단어로 올바른 것을 골라보세요.

1. 톨스토이를 (사숙/사사)했던 그녀는 정통 교리에서 탈피한 신앙을 갖게 되었다.

2. 그는 김 선생에게서 창(唱)을 (사숙/사사)하였다.

A. 1.사숙/2.사사

54

Day 004   막역莫逆과 막연漠然

소리가 비슷하지만 전혀 상관이 없는 두 단어입니다. 莫(없을 막), 逆(거스릴 역)으로 이루어진 막역은 '벗으로서 뜻이 맞아 허물없이 친함'이라는 의미가 있고, 漠(넓을 막), 然(그럴 연)으로 이루어진 막연은 '아득하여 분명하지 않은 모양'이라는 의미가 있습니다.

〈오늘 익혀볼 한자〉

莫 없을 막	莫	莫	莫		
부수 艹 (초두머리, 4획) 총11획					

Q. 다음 문장에 들어갈 단어로 올바른 것을 골라보세요.

1. 오랜만에 (막역/막연)한 지기를 만나 이야기를 나누었다.

2. 그녀는 이번 여행에 대해 (막역/막연)한 기대를 가졌다.

A. 1.막역/2.막연

Day **005** 임대賃貸와 임차賃借

계약서를 작성할 때 빌리는 사람이 임대인인지 임차인인지 헷갈릴 때가 많지요? 두 단어 모두 賃(품삯 임)을 사용하지만 그 뒤에 貸(빌릴 대)가 붙으면 '물품을 남에게 빌려주고 돈을 받는다'는 의미를, 借(빌릴 차)가 붙으면 '요금을 주고 빌린다'는 의미를 갖게 됩니다.

〈오늘 익혀볼 한자〉

賃 품삯 임	賃	賃	賃		
부수 貝 (조개 패, 7획) 총13획					

Q. 다음 문장에 들어갈 단어로 올바른 것을 골라보세요.

　1. 그는 가게를 직접 운영하지 않고 (임대/임차)로 경영을 해서 수익을 나누어 갖는 방법을 택했다.

　2. 은행 돈을 빌려 사무실을 (임대/임차)하였다.

A. 1.임대/2.임차

56

Day **001**   경우境遇와 경위涇渭

'사리의 옳고 그름이나 이러하고 저러함에 대한 분별'이라는 뜻을 나타내는 경우
에는 '경위(涇 통할 경, 渭 물이름 위)'를 쓰고, '사리나 도리' 또는 '놓여 있는 조건이나
놓이게 된 형편이나 사정'이라는 뜻을 나타내는 경우에는 '경우(境 지경 경, 遇 만날
우)'를 써야 합니다.

〈오늘 익혀볼 한자〉

涇 통할 경	涇	涇	涇		
부수 氵 (삼수변, 3획) 총10획					

Q. 다음 문장에 들어갈 단어로 올바른 것을 골라보세요.

　1. 그녀는 (경우/경위)가 밝은 사람이기 때문에 항상 올바른 판단을 한다.

　2. (경우/경위)에 어긋나는 행동은 하지 마라.

A. 1.경위/2.경우

Day **002**   혼동混同과 혼돈混沌

混(섞을 혼), 同(한가지 동)으로 이루어진 혼동은 '구별하지 못하고 뒤섞어서 생각하다'는 의미를 갖고 있고, 混(섞을 혼), 沌(엉길 돈)으로 이루어진 혼돈은 '마구 뒤섞여 있어 갈피를 잡을 수 없음. 또는 그런 상태'를 의미합니다. 비슷한 의미를 갖고 있지만 '혼동'은 단순히 뒤섞여 있는 상태가 아닌 구별하지 못하고 뒤섞여 생각되는 것을 말합니다.

〈오늘 익혀볼 한자〉

混 섞을 혼	混	混	混		
부수 氵 (삼수변, 3획) 총11획					

Q. 다음 문장에 들어갈 단어로 올바른 것을 골라보세요.

1. 친구 아버지의 전화 음성은 친구의 음성으로 (혼동/혼돈)될 정도로 거의 유사하다.

2. 현대 사회의 문제점 중 하나는 여러 가지 가치관이 마구 (혼동/혼돈)된다는 것이다.

A. 1.혼동/2.혼돈

Day **003**   현재現在와 현제現制

소리가 같아 많은 사람이 잘못 사용하는 단어 중 하나입니다. '지금 이때'를 의미하는 것은 '현재'로 現(나타날 현), 在(있을 재)로 이루어져 있습니다. 반면 '현제'는 現(나타날 현), 制(절제할 제/지을 제)로 이루어져 '현재 시행되고 있는 제도'를 의미합니다.

〈오늘 익혀볼 한자〉

現 나타날 현	現	現	現		
부수 玉 (구슬옥변. 4획) 총11획					

Q. 다음 문장에 들어갈 단어로 올바른 것을 골라보세요.

1. (현제/현재)까지의 경과를 보고하시오.

2. 그들은 복지에 대한 (현제/현재)를 개선할 방안을 토의하기 위해 모였다.

A. 1. 현재/2. 현제

Day **004**   궁색窮塞과 군색窘塞

둘 중 하나만 표준어로 착각하는 경우가 있으나, 두 단어 모두 비슷한 의미의 표준어입니다. 궁색은 窮(다할 궁/궁할 궁), 塞(막힐 색)으로 이루어져 '곤궁하고 궁색함'(말이나 태도의 이유나 근거가 부족하다)이란 의미가 있고, 군색은 窘(군색할 군), 塞(막힐 색)으로 이루어져 '필요한 것이 없거나 모자라 옹색함'(자연스럽지 못하거나 떳떳하지 못하고 거북함)이란 의미가 있습니다.

〈오늘 익혀볼 한자〉

窮 다할 궁 궁할 궁	窮	窮	窮		
부수 穴 (구멍혈, 5획) 총15획					

窘 군색할 군	窘	窘	窘		
부수 穴 (구멍혈, 5획) 총12획					

Day **005** 임신부 姙娠婦와 임산부 姙産婦

보통 '임신 중인 여자'를 일컬을 때 '임산부'라고 말하는데, 임산부는 姙(임신할 임), 産(낳을 산), 婦(며느리 부)로 이루어져 임신한 여인과 출산한 여인을 모두 일컫는 말입니다. 임신 중인 여자만을 일컬을 때는 娠(아이 밸 신)을 써서 임신부라고 말하는 것이 맞습니다.

〈오늘 익혀볼 한자〉

姙 임신할 임	姙	姙	姙		
부수 女 (계집녀, 3획) 총9획					

Q. 다음 문장에 들어갈 단어로 올바른 것을 골라보세요.

  1. 그는 배가 불러 거동이 불편한 (임신부/임산부)에게 자리를 양보했다.

  2. 흡연은 뱃속에 아이를 가지고 있거나 아이에게 젖을 먹여야 하는 (임신부/
     임산부)에게는 절대적으로 금물이다.

Day 001 방년芳年과 향년享年

나이 앞에 붙는 이 두 단어는 잘못 사용할 경우 큰 실례가 될 수 있습니다. 芳(꽃다울 방), 年(해 년)으로 이루어진 방년은 '여자의 20세 전후의 꽃다운 나이'를 뜻합니다. 따라서 남자에게는 쓰지 않지요. 享(누릴 향), 年(해 년)으로 이루어진 향년은 '한 평생 살아 누린 나이'라는 뜻으로, 죽은 사람의 나이를 말합니다. 따라서 생존해 있는 사람에게 써서는 안 되는 단어입니다.

〈오늘 익혀볼 한자〉

年 해 년	年	年	年		
부수 干 (방패간, 3획) 총6획					

Q. 다음 문장에 들어갈 단어로 올바른 것을 골라보세요.

　1. 그는 (방년/향년) 78세를 일기로 파란만장한 삶을 마쳤다.

　2. 그녀는 (방년/향년) 십팔 세의 꽃다운 소녀였다.

A. 1.향년/2.방년

Day **002**　　정오正吾와 자정子正

그냥 12시라고 말하면 낮인지 밤인지 헷갈릴 때가 많지요? 정오와 자정을 사용해 보는 건 어떨까요? 正午(바를 정, 낮 오)는 낮 열두 시를, 子正(아들 자, 바를 정)은 자시 (子時)의 한 가운데, 밤 12시를 말합니다.

〈오늘 익혀볼 한자〉

午 낮 오	午	午	午		
부수 十 (열십, 2획) 총4획					

Q. 다음 문장에 들어갈 단어로 올바른 것을 골라보세요.

　1. (정오/자정)이(가) 다 되어서야 집안일을 마무리하고 잠자리에 들었다.

　2. 이곳에서는 낮 12시가 되면 (정오/자정)를(을) 알리는 종소리가 들린다.

A. 1.자정/2.정오

Day 003   부분部分과 부문部門

전체를 몇 개로 나눈 것은 '부분(部 떼 부, 分 나눌 분)'이고, 어떤 한 영역을 뜻하는 것은 '부문(部 떼 부, 門 문 문)'입니다. 따라서 일정한 기준에 따라 분류하거나 나누어 놓은 범위를 말할 때는 부문을, 전체를 이루는 작은 범위를 말할 때는 부분을 써야 합니다.

〈오늘 익혀볼 한자〉

部 떼 부 거느릴 부	部	部	部		
부수 阝 (우부방, 3획) 총11획					

Q. 다음 문장에 들어갈 단어로 올바른 것을 골라보세요.

  1. 행사는 세 (부문/부분)으로 나누어 진행되었다.

  2. 그녀는 이번 음악 경연 대회의 피아노 (부문/부분)에서 입상하였다.

A. 1.부문/2.부문

64

Day **004**   성패成敗와 승패勝敗

성패(成 이룰 성, 敗 패할 패)는 '성공과 실패(되고 안 됨)'를, 승패(勝 이길 승, 敗 패할 패)는 '승리와 패배(이기고 짐)'를 이르는 말입니다. 둘 다 대립관계로 짜인 한자어로, 뜻에 맞게 구분하여 사용해야 합니다.

〈오늘 익혀볼 한자〉

敗 패할 패	敗	敗	敗		
부수 攵 (등글월문, 4획) 총11획					

Q. 다음 문장에 들어갈 단어로 올바른 것을 골라보세요.

  1. 선수들의 정신력이 경기의 (성패/승패)를 좌우할 수 있다.

  2. 사업의 (성패/승패)는 투자의 때를 놓치지 않는 감각에 달려 있다.

A. 1.승패/2.성패

Day **005**   안일安逸과 안이安易

安逸(편안 안, 편안할 일)은 '편안하고 한가함'이란 의미를, 安易(편안 안, 쉬울 이)는 '손 쉬움, 근심이 없고 편안함'이란 의미가 있습니다. 둘 다 의미와 쓰임이 비슷한 단어지요.

〈오늘 익혀볼 한자〉

安 편안 안	安	安	安		
부수 宀 (갓머리, 3획) 총6획					

逸 편안할 일	逸	逸	逸		
부수 辶 (책받침, 3획) 총11획					

Day 001   운영運營과 운용運用

• 운영 : 運(옮길 운), 營(경영할 영). 조직, 기구 따위를 운용하여 경영함.
• 운용 : 運(옮길 운), 用(쓸 용). 돈이나 물건·제도 따위의 기능을 부리어 씀.

둘 다 무엇인가를 움직여 나간다는 점에서 의미가 공통적이지만, '운영'은 '학교, 당, 기업, 상점, 학회, 대회' 등과 어울려 사용되고, '운용'은 '기금, 예산, 물품' 등과 어울려 사용됩니다.

〈오늘 익혀볼 한자〉

運 옮길 운	運	運	運		
부수 辶 (책받침, 3획) 총13획					

Q. 다음 문장에 들어갈 단어로 올바른 것을 골라보세요.

1. 공장의 규모가 커지면 공장의 (운영/운용) 방식에도 변화가 있어야 한다.

2. 중앙 정부가 지방 정부의 예산 (운영/운용)에 관여하는 데는 한계가 있다.

A. 1.운영/2.운용

Day **002**   이용利用과 사용使用

'이용(利 이로울 이, 用 쓸 용)하다'는 '대상을 필요에 따라 이롭게 쓰다'라는 뜻을 나타내고, '사용(使 하여금 사, 用 쓸 용)하다'는 '일정한 목적이나 기능에 맞게 쓰다'라는 뜻을 나타냅니다. 이에 따라 문맥에서 '이롭게'라는 의미를 포함한, '이롭게 쓰다'라는 뜻이 나타날 때에는 '이용하다'를 쓰고, '쓰다'라는 의미가 주되게 나타나는 경우에는 '사용하다'를 쓰는 것이 적절합니다.

〈오늘 익혀볼 한자〉

用 쓸 용	用	用	用		
부수 用 (쓸용, 5획) 총5획					

Q. 다음 문장에 들어갈 단어로 올바른 것을 골라보세요.

   1. 최근 날씨가 갑자기 쌀쌀해지면서 난방 기기의 (이용/사용)이 급증하고 있다.

   2. 이곳은 소액의 입장료는 있지만 시설물 (이용/사용)은 무료입니다.

A. 1.사용/2.이용

작열은 灼(불사를 작), 熱(더울 열)로 이루어져 '불 따위가 이글이글 뜨겁게 타오름, 몹시 흥분하여 이글거리듯 들끓음을 비유적으로 이르는 말'로 쓰입니다. 반면 작렬은 炸(터질 작), 裂(찢을 렬)로 이루어져 '터져서 산산이 흩어짐, 통쾌하게 성공함'이란 의미로 쓰입니다.

〈오늘 익혀볼 한자〉

熱 더울 열	熱	熱	熱		
부수 灬 (연화발, 4획) 총15획					

Q. 다음 문장에 들어갈 단어로 올바른 것을 골라보세요.

1. 김 선수는 이번 경기에서만 세 골을 (작열/작렬)하여 해트 트릭을 달성하였다.

2. 오후의 태양이 뜨겁게 (작열/작렬)하고 있다.

A. 1.작렬/2.작열

Day **004**   수납受納과 수납收納

소리는 같지만 뜻이 다른 단어로, 受納(받을 수, 들일 납)은 '받아서 넣어 둠'이란 의미의 단어이고, 收納(거둘 수, 들일 납)은 '금품 등을 받아서 거두어들임, 또는 거두어 바침'이란 의미의 단어입니다.

〈오늘 익혀볼 한자〉

納 들일 납	納	納	納		
부수 糹 (실사변, 6획) 총10획					

Q. 다음 문장에 들어갈 단어로 올바른 것을 골라보세요.

  1. 거기엔 장난감들이 (受納/收納)이 돼 있어요.

  2. 경기 침체로 조세 (受納/收納)에 차질을 빚고 있다.

A. 1.受納/2.收納

Day **005**   수여授與와 증여贈與

授與(줄 수, 더불 여)는 '증서, 상장, 훈장 따위를 줌'이란 의미를 가진 단어이고, 贈與 (줄 증, 더불 여)는 '물품 따위를 선물로 줌'이란 의미를 가진 단어입니다. 두 단어의 의미가 비슷하지만, 법률적인 용어로 '재산을 무상으로 상대편에게 줄 의사를 표시하고 상대편이 이를 승낙함으로써 성립하는 계약'이란 의미로 쓰일 때에는 증여라고 해야 합니다.

〈오늘 익혀볼 한자〉

授 줄 수	授	授	授		
부수 扌 (재방변, 3획) 총11획					

Q. 다음 문장에 들어갈 단어로 올바른 것을 골라보세요.

  1. 입상자 전원에게 상장과 트로피를 (수여/증여)한다.

  2. 이 논밭은 할아버지로부터 (수여/증여)를 받은 것이다.

A. 1.수여/2.증여

71

Day 001   고사考查와 고시考試

비슷한 의미의 단어로 보이지만, '학생들의 학업 성적을 평가하는 시험'에는 고사 (考 생각할 고. 査 조사할 사)를 쓰고, '어떤 자격이나 면허를 주기 위하여 시행하는 여러 가지 시험'을 말할 때는 고시(考 생각할 고. 試 시험 시)를 씁니다.

〈오늘 익혀볼 한자〉

考 생각할 고	考	考	考		
부수 耂 (늙을로엄, 4획) 총6획					

Q. 다음 문장에 들어갈 단어로 올바른 것을 골라보세요.

1. 그녀는 2년째 검정(고사/고시) 공부를 하고 있다.

2. 이번 기말(고사/고시)는 범위가 넓어서 효율적인 공부계획을 세울 필요가 있다.

A. 1.고시/2.고사

Day **002**　　일절과 일체

切는 '끊을'이라는 의미로는 절이라 읽고, '온통'이란 의미로는 체라고 읽는 한자입니다. 따라서 한자로는 일절과 일체가 같은 글자를 씁니다. 표준어에서는 '一切'를 일체와 일절로 구별하여 사용하도록 정하고 있는데요. '일절'은 '아주, 전혀, 절대로의 뜻으로 흔히 행위를 그치게 하거나 어떤 일을 하지 않는다'는 의미를 갖고 있고, '일체'는 '전부, 모두 다'라는 의미가 있습니다.

〈오늘 익혀볼 한자〉

切 끊을 절 온통 체	切	切	切		
부수 刀 (칼도, 2획) 총4획					

Q. 다음 문장에 들어갈 단어로 올바른 것을 골라보세요.

　1. 거기에 따른 (일절/일체) 비용은 회사가 부담한다.

　2. 그는 자기 가족에 관한 이야기를 어느 누구에게도 (일절/일체) 하지 않았다.

Day **003**   제정制定과 재정財政

소리가 같아서 혼동하여 쓰는 경우가 있는 단어로, 제정(制 절제할 제/지을 제, 定 정할
정)은 '제도나 법률 따위를 만들어서 정함'이란 뜻이고 재정(財 재물 재, 政 정사 정)은
'개인·가계·기업 등의 금융 사정'이란 뜻이 있습니다.

〈오늘 익혀볼 한자〉

定 정할 정	定	定	定	
부수 宀 (갓머리, 3획) 총8획				

Q. 다음 문장에 들어갈 단어로 올바른 것을 골라보세요.

　1. 법률의 (제정/재정)은 법률안의 제안, 의결, 공포의 절차를 밟아서 이루어
　　진다.

　2. 요즘 우리 회사는 (제정/재정) 상태가 좋지 않다.

A. 1.제정/2.재정

Day **004**　　장애障礙와 장해障害

장애(障 막을 장, 礙 거리낄 애)와 장해(障 막을 장, 害 해할 해)는 둘 다 '하고자 하는 일을 막아서 방해하는 것'을 의미합니다. 그런데 '장해'라는 한자어는 근대 이전까지만 해도 한자문화권에 존재하지 않았고, 유독 일본에서만 礙(碍)와 害의 발음이 がい로 같은 까닭에 대체되어 써왔다고 합니다. '장해'가 보험업계에서 많이 사용되는 이유도 일본의 보험약관이나 관련 법률을 참조하는 경우가 많기 때문입니다.

〈오늘 익혀볼 한자〉

障 막을 장	障	障	障		
부수 阝 (좌부변, 3획) 총14획					

Q. 다음 문장에 들어갈 단어로 올바른 것을 골라보세요.

　1. 통화량이 갑자기 늘어나서 통신 (장애/장해)가 일어났다.

　2. 이 상품은 은퇴 연령인 60세 전 가장이 사망 또는 80% 고도 (장애/장해)로
　　소득을 상실할 경우 유가족에게 월 급여금을 지급하는 종신 보험이다.

A. 1. 장애/2. 장해

Day **005** 이동移動과 이동異動

移動(옮길 이, 움직일 동)과 異動(다를 이, 움직일 동)은 모두 '움직이다'라는 의미가 있지만, 전임, 퇴직 등의 지위, 직책의 변동에는 異動을 써야 합니다.

〈오늘 익혀볼 한자〉

異 다를 이	異	異	異		
부수 田 (밭전, 5획) 총11획					

Q. 다음 문장에 들어갈 단어로 올바른 것을 골라보세요.

1. 그는 이번 인사 (移動/異動)에서 조기 퇴직의 그물에 걸리지 않을까 전전긍긍하고 있다.

2. 마을 사람들은 회관으로 (移動/異動)하였다.

A. 1.異動/2.移動

Day **001** 강구講究와 간구干求

비슷한 의미로 생각할 수 있는 두 단어지만, 강구는 講(외울 강), 究(연구할 구)로 이루어져 '좋은 방법을 조사하여 궁리함'이란 의미가 있고, 간구는 干(방패 간), 求(구할 구)로 이루어져 '바라고 구함'이란 의미가 있습니다.

〈오늘 익혀볼 한자〉

究 연구할 구	究	究	究		
부수 穴 (구멍혈, 5획) 총7획					

Q. 다음 문장에 들어갈 단어로 올바른 것을 골라보세요.

1. 늘어나는 성인병에 대한 대책의 (강구/간구)가 시급하다.

2. 우리는 하루빨리 싸움과 전쟁이 그치기를 (강구/간구)합니다.

A. 1. 강구/ 2. 간구

Day **002**   보루堡壘와 보류保留

소리는 비슷하지만, 보루(堡 작은 성 보, 壘 보루 루)는 '적의 접근을 막기 위하여 돌, 흙, 콘크리트 등으로 만든 견고한 구축물'이란 의미가 있고, 보류(保 지킬 보, 留 머무를 류)는 '어떤 일을 처리하지 않고 미루어 둠'이란 전혀 다른 뜻이 있습니다.

〈오늘 익혀볼 한자〉

保 지킬 보	保	保	保		
부수 亻 (사람인변, 2획) 총9획					

Q. 다음 문장에 들어갈 단어로 올바른 것을 골라보세요.

  1. 그 논의는 다음 주까지 (보루/보류)하기로 했다.

  2. 인간성 회복 운동은 인간을 인간으로 남게 하는 최후의 (보루/보류)이다.

A. 1.보류/2.보루

Day **003**   진정眞情과 진정鎭靜

'진정으로 사랑합니다.'와 같이 '참되고 애틋한 정이나 마음'이란 의미를 가진 단어는 眞情(참 진, 뜻 정)이고, '마음을 진정시키다'와 같이 '몹시 소란스럽고 어지러운 일을 가라앉힘'이란 의미를 가진 단어는 鎭靜(진압할 진, 고요할 정)입니다.

〈오늘 익혀볼 한자〉

眞 참 진	眞	眞	眞		
부수 目 (눈목, 5획) 총10획					

Q. 다음 문장에 들어갈 단어로 올바른 것을 골라보세요.

　1. 너무 화가 나서 도저히 (眞情/鎭靜)을 할 수 없다.

　2. 결혼을 해야겠다고 (眞情/鎭靜)으로 생각하기 시작한 것은 반년쯤 전부터였다.

A. 1.鎭靜/2.眞情

'구인'은 우리가 보통 알고 있는 '사람을 구함'이라는 의미 외에도 '사람을 강제로 잡아서 끌고 감'이라는 의미로도 쓰입니다. 전자의 의미로는 '求(구할 구), 人(사람 인)'을 쓰고, 후자의 의미로는 '拘(잡을 구), 引(끌 인)'을 씁니다.

〈오늘 익혀볼 한자〉

求 구할 구	求	求	求		
부수 氺 (아래물수, 5획) 총7획					

Q. 다음 문장에 들어갈 단어로 올바른 것을 골라보세요.

　1. 까다로운 (求人/拘引) 조건을 내걸다.

　2. 용의자를 (求人/拘引)하여 조사하다.

A. 1.求人 / 2.拘引

80

Day 005   물의物議와 물이物異

'어떤 사람 또는 단체의 처사에 대하여 많은 사람이 이러쿵저러쿵 논평하는 상태'
의 의미의 '물의(物 물건 물, 議 의논할 의)'를 '물이'로 잘못 쓰는 경우가 많습니다. 물
이는 物(물건 물), 異(다를 이)로 이루어져 '사물의 이상하고 묘하게 생긴 모양'이나
'이상한 기후현상'를 말할 때 쓰입니다.

〈오늘 익혀볼 한자〉

物 물건 물	物	物	物		
부수 牛 (소우, 4획) 총8획					

議 의논할 의	議	議	議		
부수 言 (말씀언, 7획) 총20획					

Day **001** 경합競合과 경선競選

두 단어 모두 '경쟁하다'는 의미가 있지만, 競合(다툴 경. 합할 합)은 단순히 '서로 맞서 겨룸'이라는 의미를, 競選(다툴 경. 가릴 선)은 '둘 이상의 후보가 경쟁하는 선거'라는 의미가 있습니다.

〈오늘 익혀볼 한자〉

競 다툴 경	競	競	競		
부수 立 (설립, 5획) 총20획					

Q. 다음 문장에 들어갈 단어로 올바른 것을 골라보세요.

1. 올림픽 유치를 두고 두 도시가 치열한 (경합/경선)을 벌이고 있다.

2. 우리 지역구 의원이 이번 최고 의원 (경합/경선)에서 가장 유력한 후보로 거론되고 있다.

A. 1.경합/2.경선

Day **002**   고사固辭와 고사告祀

소리는 같지만 固辭(굳을 고, 말씀 사)는 '굳이 사양함'이란 의미를, 告祀(고할 고, 제사 사)는 '계획이나 일, 또는 집안이 잘되기를 바라며 지내는 제사'를 의미합니다.

〈오늘 익혀볼 한자〉

固 굳을 고	固	固	固		
부수 囗 (큰입구몸, 3획) 총8획					

Q. 다음 문장에 들어갈 단어로 올바른 것을 골라보세요.

   1. 터주에게 (固辭/告祀)를 드리다.

   2. 수차례의 (固辭/告祀) 끝에 결국에는 그 제의를 받아들이게 되었다.

A. 1. 告祀/2. 固辭

Day 003 선임先任과 선임選任

'어떤 임무나 직무 따위를 먼저 맡음'이라는 의미의 선임은 先任(먼저 선, 맡길 임)이라고 쓰고, '여러 사람 가운데서 어떤 직무나 임무를 맡을 사람을 골라냄'이라는 의미의 선임은 選任(가릴 선, 맡길 임)이라고 씁니다.

〈오늘 익혀볼 한자〉

任 맡길 임	任	任	任		
부수 亻 (사람인변, 2획) 총6획					

Q. 다음 문장에 들어갈 단어로 올바른 것을 골라보세요.

　1. 김 병장이 바로 제 (先任/選任)이었습니다.

　2. 주주 총회에서 이사로 (先任/選任)되었다.

A. 1. 先任/2. 選任

Day 004   전입轉入과 전출轉出

두 단어 모두 轉(구를 전)을 포함하고 있지만, 뒤에 入(들 입)이 오면 '거주지를 옮겨옴'을 뜻하고, 出(날 출)이 오면 '거주지를 옮겨감'이란 의미가 됩니다.

〈오늘 익혀볼 한자〉

轉 구를 전	轉	轉	轉		
부수 車 (수레거, 7획) 총18획					

Q. 다음 문장에 들어갈 단어로 올바른 것을 골라보세요.

　　도시로 떠나는 사람이 많아 이곳 시골은 (전입/전출)보다 (전입/전출)이 많다.

Day **005**   검역檢疫과 검열檢閱

검역은 檢(검사할 검), 疫(전염병 역)으로 이루어져 해외에서 전염병이나 해충이 들어오는 것을 막기 위하여 공항과 항구에서 하는 일들을 통틀어 이르는 말로 사용됩니다. 반면 검열은 檢(검사할 검), 閱(볼 열)로 이루어져 검사하여 살펴본다는 의미로 사용됩니다.

〈오늘 익혀볼 한자〉

檢 검사할 검	檢	檢	檢		
부수 木 (나무목, 4획) 총17획					

Q. 다음 문장에 들어갈 단어로 올바른 것을 골라보세요.

　1. 군사 정권하에서는 창작 활동이 (검역/검열)에 의해서 크게 제한되었다.

　2. 동남아 지역의 콜레라 발생에 따라 여행객에 대한 (검역/검열)이 강화되었다.

A. 1. 검열/2. 검역

Day **001**   재원才媛과 규수閨秀

재원(才 재주 재, 媛 여자 원)은 '재주가 뛰어난 젊은 여자'를 뜻하고, 규수(閨 안방 규, 秀 빼어날 수)는 '남의 집 처녀'나 '학문과 재주가 뛰어난 여자'를 뜻합니다. 두 단어 모두 남자에게 사용해서는 안 되는 단어입니다.

〈오늘 익혀볼 한자〉

秀 빼어날 수	秀	秀	秀		
부수 禾 (벼화, 5획) 총7획					

Q. 다음 중 표현이 잘못된 문장을 고르세요.

1. 그녀는 미모와 폭넓은 교양을 갖춘 재원이다.

2. 그녀는 운 좋게 능력과 인품을 겸비한 규수에게 시집가게 되었다.

3. 그는 이 지방에서 이름난 재원이다.

A. 2/3번. 재원과 규수는 남자에게 쓸 수 없음.

Day **002**   대단원大團圓과 서막序幕

보통 '대단원의 막이 올랐다'와 같은 표현을 많이 사용하는데, 대단원(大 큰 대. 團 경
단 단. 圓 둥글 원)은 맨 마지막을 뜻하는 말입니다. 때문에 '대단원의 막을 내렸다'라
고 '결말'을 표현할 때 쓰는 것이 맞습니다. 시작의 의미로는 '서막(序 차례 서. 幕 장
막 막)'을 써야 합니다.

〈오늘 익혀볼 한자〉

序 차례 서	序	序	序		
부수 广 (엄호, 3획) 총7획					

Q. 다음 문장에 들어갈 단어로 올바른 것을 골라보세요.

　1. 5년 전부터 시작된 수도권 신도시 아파트 분양이 올해로 (대단원/서막)의
　　막을 내린다.

　2. 지난봄에 있었던 이 사건은 단지 (대단원/서막)에 지나지 않았다.

A. 1.대단원/2.서막

Day **003**   마력馬力과 마력魔力

馬力(말 마, 힘 력)은 동력이나 단위 시간당 일의 양을 나타내는 실용 단위로, 말 한 마리의 힘에 해당하는 일의 양입니다. 1마력은 1초당 746줄(joule)에 해당하는 노동량으로 746와트의 전력에 해당합니다. 소리는 같지만, 魔力(마귀 마, 힘 력)은 '사람을 현혹하는, 원인을 알 수 없는 이상한 힘'이라는 뜻의 단어입니다.

〈오늘 익혀볼 한자〉

馬 말 마	馬	馬	馬		
부수 馬 (말마, 10획) 총10획					

Q. 다음 문장에 들어갈 단어로 올바른 것을 골라보세요.

  1. 이 소설은 독자가 잠시도 책을 놓지 않게 하는 (馬力/魔力)이 있다.

  2. 이 차는 280(馬力/魔力)을 낼 수 있는 차다.

A. 1.魔力/2.馬力

Day **004**　　혁대革帶와 혁띠

혁대(革 가죽 혁, 帶 띠 대)와 혁띠를 혼동해서 사용하는 사람들이 있는데, 혁띠는 틀린 표현입니다. 혁대의 순우리말은 '허리띠'입니다.

〈오늘 익혀볼 한자〉

革 가죽 혁	革	革	革		
부수 革 (가죽혁, 9획) 총9획					

帶 띠 대	帶	帶	帶		
부수 巾 (수건건, 3획) 총11획					

Day **005**   어이와 어의御醫

'너무 뜻밖이어서 어처구니가 없다'는 뜻으로 말할 때 '어이없다'고 합니다. 그런데 종종 '어이'를 '어의'로 바꿔 쓰는 사람이 있는데요. '어이없다'는 17세기 문헌에 등장한 '어히없다'는 말에서 그 유래를 찾을 수 있는데, 제2음절의 'ㅎ'이 탈락되어 19세기에 '어이없다'로 현재까지 쓰이게 된 것입니다. 어의는 御(거느릴 어), 醫(의원 의)로 이루어져, 궁궐 내에서 임금이나 왕족의 병을 치료하던 의원을 의미합니다.

〈오늘 익혀볼 한자〉

醫 의원 의	醫	醫	醫		
부수 酉 (닭유, 7획) 총18획					

Day 001 강수량降水量과 강우량降雨量

강수량(降 내릴 강, 水 물 수, 量 헤아릴 량)은 '비나 눈, 우박, 서리, 안개 등으로 지상에 내린 물의 총량'이고, 강우량(降 내릴 강, 雨 비 우, 量 헤아릴 량)은 '일정한 시간 동안 일정한 곳에 내린 비의 양'을 의미합니다. 즉, 강우량은 비의 양만 잰 것이고, 강수량은 강수 과정으로 형성된 모든 것을 잰 총량입니다.

〈오늘 익혀볼 한자〉

降 내릴 강, 항복할 항	降	降	降		
부수 阝 (좌부변, 3획) 총9획					

量 헤아릴 량	量	量	量		
부수 里 (마을리, 7획) 총12획					

Day **002**   괴멸壞滅과 궤멸潰滅

괴멸(壞 무너질 괴, 滅 꺼질 멸)은 '조직이나 체계 따위가 모조리 파괴되어 멸망함'이란 의미를, 궤멸(潰 무너질 궤, 滅 꺼질 멸)은 '무너지거나 흩어져 없어짐. 또는 그렇게 만듦'이란 의미가 있습니다.

〈오늘 익혀볼 한자〉

潰 무너질 궤 바다기운 해	潰	潰	潰		
부수 氵 (삼수변, 3획) 총15획					

滅 꺼질 멸 멸할 멸	滅	滅	滅		
부수 氵 (삼수변, 3획) 총13획					

Day **003**　　과대過大와 과대誇大

한자의 소리는 같지만, 過大(지날 과, 클 대)는 '정도가 지나치게 큼'이라는 의미로, 誇大(자랑할 과, 大 클 대)는 '작은 것을 큰 것처럼 과장함'이라는 의미로 쓰입니다.

〈오늘 익혀볼 한자〉

過 지날 과	過	過	過		
부수 辶 (책받침, 3획) 총11획					

Q. 다음 문장에 들어갈 단어로 올바른 것을 골라보세요.

　1. 그 광고는 실제와 다른 (過大/誇大) 광고로 밝혀졌다.

　2. 우리 회사는 규모에 비해 공장 부지가 (過大/誇大)하다.

A. 1. 誇大 / 2. 過大

Day **004**   내력來歷과 내역內譯

내력(來 올 내, 歷 지날 력)은 '지금까지 지내온 경로나 경력'을 뜻하는 단어이고, 내역 (內 안 내, 譯 번역할 역)은 '물품이나 금액 따위의 내용, 분명하고 자세한 내용'을 뜻하는 단어입니다. 내역은 '명세(明細)'로 순화하여 쓰는 것이 좋습니다.

〈오늘 익혀볼 한자〉

歷 지날 력 책력 력	歷	歷	歷		
부수 止 (그칠지, 4획) 총16획					

Q. 다음 문장에 들어갈 단어로 올바른 것을 골라보세요.

1. 쌍둥이가 많은 것도 다 우리집 (내력/내역)이다.
2. 공직자 재산 공개 액수와 (내력/내역)이 신문에 발표됐다.

A. 내력/내역

Day **005** 단합團合과 담합談合

소리가 비슷해 많은 사람들이 혼동해서 사용하는 단어 중 하나입니다. 단합(團 둥글 단. 合 합할 합)은 '많은 사람이 한데 뭉침'을 의미하고, 담합(談 말씀 담. 合 합할 합)은 '서로 의논하여 합의함'을 의미합니다.

〈오늘 익혀볼 한자〉

合 합할 합	合	合	合		
부수 ㅁ (입구, 3획) 총6획					

Q. 다음 문장에 들어갈 단어로 올바른 것을 골라보세요.

1. 마을이 (단합/담합)되니까 점차 어려운 일들이 하나둘씩 극복되기 시작했다.

2. 그 가게는 이웃 가게와 (단합/담합)하여 물건값을 대폭 인상했다.

A. 1. 단합/2. 담합

Tip 1.
순화해야 할 일본식 한자어

發止   우리가 흔히 순우리말이라고 생각했던 말들이 알고 보면 일본식 외래어, 일본식 한자어인 경우가 많이 있습니다. 일제 강점기 시대의 잔재인 일본식 한자어는 일본어에 기반하고 있기 때문에 그 의미가 명확하게 전달되지 않아 순화하여 사용해야 합니다. 그래서 법제처에서는 2019년까지 4400여 건의 법령들을 일일이 점검해 일본식 표현과 같은 난해한 법률 용어를 쉬운 우리말로 바꾸는 계획을 발표하기도 했지요. 우리가 자주 사용하는 일본식 한자어는 어떤 것들이 있을까요?

1. 견습見習

견습(見 볼 견, 習 익힐 습)은 일본어인 미나라이みならい의 한자 표기를 우리말 한자음으로 읽은 것입니다. 수습(修 닦을 수, 習 익힐 습)으로 순화하는 것이 좋습니다.

2. 고참古參

고참(古 옛 고, 參 참여할 참)은 일본어 고산こさん의 한자 표기를 우리말 한자음으로 읽은 것입니다. 선임자로 순화하는 것이 좋습니다.

3. 매점賣店

매점(賣 팔 매, 店 가게 점)은 일본어 바이텡ばいてん에서 온 전형적인 일본식 한자입니다. 일본어로는 '기관에 붙은 작은 가게'라는 뜻으로 사용하는데, 우리나라에서는 교내 매점 등 위치를 반드시 붙여서 쓰기 때문에 굳이 '매점'이라고 할 필요가 없습니다. 가게로 바꿔 쓰는 것이 좋습니다.

4. 부락部落

부락은 일제강점기 당시 일본인들이 우리나라 사람들이 사는 마을을 비하하기 위해 의도적으로 부른 말입니다. 일본에서 부락은 '궁핍한 천민들이 사는 동네나 마을'을 가리키는 좋지 않은 단어로 쓰입니다. 때문에 마을이나 동네로 반드시 순화해야 합니다.

5. 식상食傷

'물리거나 싫증남'을 표현할 때 흔히 '식상하다'고 합니다. 이 단어는 일본한자 쇼쿠쇼しょくしょう의 한자 표기를 우리말 한자음으로 읽은 것인데, 일본에서는 '체하다'의 의미로 더 많이 사용합니다. 의미 전달이 명확하지 않은 단어이므로 싫증남, 물림으로 순화하는 것이 좋습니다.

From
18Week

이럴 땐 이 한자를!

to
35Week

주제별 한자 익히기

Day 001 주경야독晝耕夜讀

'주경야독(晝 낮 주, 耕 밭 갈 경, 夜 밤 야, 讀 읽을 독)'은 '낮에는 농사 짓고 밤에는 공부한다'는 뜻으로, 바쁜 틈을 타서 어렵게 공부함을 뜻하는 말입니다. 낮을 뜻하는 글자 '晝(낮 주)'와 밤을 뜻하는 글자 '夜(밤 야)'를 익혀봅시다.

〈오늘 익혀볼 한자〉

晝 낮 주	晝	晝	晝		
부수 日 (날일, 4획) 총11획					

夜 밤 야	夜	夜	夜		
부수 夕 (저녁석, 3획) 총8획					

Day **002**　　조석朝夕

저녁을 뜻하는 한자 夕(저녁 석)과 아침을 뜻하는 朝(아침 조)가 결합한 단어 '조석'은
'아침저녁으로'라는 의미로 쓰입니다.

〈오늘 익혀볼 한자〉

朝 아침 조	朝	朝	朝		
부수 月 (달월, 4획) 총12획					

夕 저녁 석	夕	夕	夕		
부수 夕 (저녁석, 3획) 총3획					

Day **003**   찰나刹那

극히 짧은 시간을 의미하는 '刹那(절 찰, 어찌 나)'와 반대되는 단어로는 '劫(위협할 겁)'
이 있습니다. 劫은 '하늘과 땅이 한번 개벽한 때부터 다음 개벽할 때까지의 동안'
이란 뜻으로, 지극히 길고 오랜 시간을 이르는 말입니다.

〈비슷한 의미의 단어〉
瞬間 순간 / 瞬時 순시 / 轉瞬 전순 / 片刻 편각

〈오늘 익혀볼 한자〉

刹 절 찰	刹	刹	刹		
부수 刂 (선칼도방, 2획) 총8획					

Day **004**   시간時間

時(때 시)는 때, 철이나 계절, 세대나 시대 등을 뜻하는 한자로 시사(時事), 시대(時代) 등 다양하게 사용됩니다. 間(사이 간)은 사이, 때, 동안, 틈 등을 뜻하는 한자로 간혹 (間或), 간헐(間歇) 등 시간과 관련해서는 기간을 의미하는 단어에 자주 사용됩니다.

〈관련 단어〉
- 시사時事 : 그 당시에 일어난 일
- 시가時價 : 어느 일정한 시기에, 특정 물건의 시세
- 시각時刻 : 시간의 어느 한 지점

〈오늘 익혀볼 한자〉

時 때 시	時	時	時		
부수 日 (날일, 4획) 총10획					

Day **005** 세대世代

世代(대 세, 대신할 대)는 '여러 대', '같은 시대에 태어나 공통된 사고 방식과 감각을 지니고 있는 사람들', '한 생물이 생겨나서 생존을 끝마칠 때까지의 동안'이라는 의미를 갖고 있습니다.

〈관련 고사성어〉
• 世代交替 세대교체 : 신세대가 구세대와 교대하여 어떤 일의 주역이 됨
• 代代孫孫 대대손손 : 대대로 이어오는 자손

〈오늘 익혀볼 한자〉

世 인간 세 대 세	世	世	世		
부수 一 (한일, 1획) 총5획					

Day **001**   수목樹木

樹(나무 수)는 음을 나타내는 글자 尌(주→손으로 물건을 세운 모양→수)와 나무(木)의 뜻이 합해 형성된 한자입니다.

〈관련 단어〉

• 수목원樹木園 : 수목의 연구와 지식의 보급을 위하여 각종 수목을 수집하거나 재배하는 시설

• 수액樹液 : 땅속에서 빨아올리어 나무속에서 양분이 되는 액

• 수립樹立 : 정부, 제도, 계획, 공로 등을 이룩하여 세움

〈오늘 익혀볼 한자〉

樹 나무 수	樹	樹	樹		
부수 木 (나무목, 4획) 총16획					

Day **002**　　울창鬱蒼

울울창창(鬱鬱蒼蒼)의 준말로, '큰 나무들이 빽빽하게 들어서 우거진 모양이 푸름'
을 의미하는 단어입니다. 鬱은 '울창하다'는 의미를 가진 한자로, '답답하다', '우울
하다', '울적하다'는 의미로도 자주 쓰입니다.

〈관련 단어〉
- 울밀鬱密 : 나무가 무성하게 우거져 빽빽함
- 울분鬱憤 : 가슴에 가득히 쌓여있는 분기(憤氣)

〈오늘 익혀볼 한자〉

鬱 울창할 울 답답할 울	鬱	鬱	鬱		
부수 鬯 (울창주창, 10획) 총29획					

108

Day **003** 식물植物

植物(심을 식, 물건 물)은 온갖 나무와 풀을 총칭하는 단어입니다. 植은 음을 나타내는 直(직→식)과 나무(木)나 식물을 곧게 세워 심는다는 뜻이 합하여 형성된 한자입니다.

〈같은 뜻을 가진 한자〉
栽 심을 재 / 稼 심을 가

〈관련 단어〉
• 식목일植木日 : 나무를 아껴 가꾸고 많이 심기를 권장할 목적으로 제정된 날
• 식수植樹 : 나무를 심음
• 식생植生 : 어떤 구역에서 생활하고 있는 식물의 집단

〈오늘 익혀볼 한자〉

植 심을 식	植	植	植		
부수 木 (나무목, 4획) 총12획					

Day **004**　　초원草原

草(풀 초)는 뜻을 나타내는 초두머리(艹(=艸)→풀. 풀의 싹)部와 음을 나타내는 무(조→초)가 합하여 이루어진 한자입니다.

〈관련 단어〉
- 초목草木 : 풀과 나무
- 초가草家 : 볏짚 · 밀짚 · 갈대 등으로 지붕을 인 집

〈오늘 익혀볼 한자〉

草 풀 초	草	草	草		
부수 艹 (초두머리, 4획) 총10획					

Day **005**   만경蔓莖

蔓莖(덩굴 만, 줄기 경)은 '덩굴로 된 줄기. 덩굴줄기'를 이르는 말입니다.

蔓(덩굴 만)은 뜻을 나타내는 초두머리(艹(=艸)→풀, 풀의 싹)와 음을 나타내는 曼(만)이

합쳐진 한자로, '퍼지다, 뻗다'는 의미도 갖고 있습니다.

〈관련 단어〉

• 만생蔓生 : (식물의 줄기가) 덩굴로 자람

• 만연蔓延: 널리 번지어 퍼짐

〈오늘 익혀볼 한자〉

蔓 덩굴 만	蔓	蔓	蔓		
부수 艹 (초두머리, 4획) 총15획					

Day **001**   의복衣服

옷을 뜻하는 두 글자, 衣(옷 의)와 服(옷 복)이 만나 만들어진 단어입니다. 衣(옷 의)는
단순히 몸에 걸치는 옷만 의미하는 것이 아니라 '몸을 가리거나 비 혹은 추위를
막는 물건'으로 그 의미가 확대되어 사용하고 있습니다.

〈오늘 익혀볼 한자〉

衣 옷 의	衣	衣	衣		
부수 衣 (옷의, 6획) 총6획					

服 옷 복	服	服	服		
부수 月 (달월, 4획) 총8획					

Day **002** 면포綿布

綿布(솜 면, 베 포)는 솜을 자아 만든 실로 짠 베, 즉 무명을 이르는 말입니다. 綿(솜 면)은 실사(糸→실타래)와 帛(백→비단→피륙)이 합한 글자입니다. 그래서 '솜'이나 '솜옷'외에도 '이어지다', '퍼지다'라는 뜻으로도 쓰인다. 布(베 포)는 뜻을 나타내는 수건 건(巾→옷감, 헝겊)과 음을 나타내는 父(부→한 집안 전체를 거느리는 가장을 뜻함→포)로 이루어져 '천을 넓게 펴다'는 의미가 있습니다.

〈오늘 익혀볼 한자〉

綿 솜 면 이어질 면	綿	綿	綿		
부수 糸 (실사변, 6획) 총14획					
布 베 포 펼 포	布	布	布		
부수 巾 (수건건, 3획) 총5획					

Day **003**   섬유纖維

실 모양으로 된 고분자 물질을 의미하는 섬유는 纖(가늘 섬)과 維(벼리 유)로 이루어진 단어입니다. 纖(가늘 섬)은 '뜻을 나타내는 실사(糸→실타래)部와 음을 나타내는 동시에 '가늘다'의 뜻을 가진 韱(섬)으로 이루어짐.

〈관련 단어〉

• 섬모纖毛 : 가는 털, 가늘다
• 섬섬옥수纖纖玉手 : 가녀리고 가녀린 옥 같은 손이라는 말로, 가냘프고 고운 여자의 손

〈오늘 익혀볼 한자〉

纖 가늘 섬	纖	纖	纖		
부수 糸 (실사변, 6획) 총23획					

Day **004**   수선修繕

낡거나 허름한 것을 손보아 고친다는 의미를 가진 단어 '수선'은 修(닦을 수)와 繕
(기울 선)이 합쳐진 단어입니다. 繕(기울 선)은 뜻을 나타내는 실사(糸→실타래)部와 음
을 나타내는 동시에 '좋게 하다'의 뜻을 나타내는 善(선)을 더하여 이루어진 글자
입니다. 그래서 '찢어진 데를 실로 꿰매어 수리하다'는 뜻을 갖고 있지요.

〈오늘 익혀볼 한자〉

繕 기울 선	繕	繕	繕		
부수 糸 (실사변, 6획) 총18획					

Day **005**   장신구裝身具

'몸치장을 하는 데 쓰는 기구'를 가리켜 장신구(裝 꾸밀 장. 身 몸 신. 具 갖출 구)라고 합니다. 裝(꾸밀 장)은 뜻을 나타내는 옷의(衣(=衤) → 옷)와 음을 나타내는 동시에 더한다는 뜻을 가진 壯으로 이루어져, '옷을 입고 몸차림을 하다, 꾸민다'는 뜻을 가진 글자입니다.

〈관련 단어〉
- 장비裝備 : 비품이나 부속품 따위를 장치하는 일, 갖추어 장식함
- 장식裝飾 : 겉모양을 아름답게 꾸밈, 또는 그 꾸밈새나 장식물

〈오늘 익혀볼 한자〉

裝 꾸밀 장	裝	裝	裝		
부수 衣 (옷의, 6획) 총13획					

21 Week

Day **001**   지리地理

'지리地理'는 '땅의 생긴 모양이나 형편, 지형'을 가리키는 말로, 地(땅 지)와 理(다스 릴 이)가 합하여 형성된 단어입니다. 地(땅 지)는 온누리(也→큰 뱀의 형상)에 잇달아 흙 (土)이 깔려 있다는 뜻을 합한 글자로, '땅, 대지'를 의미합니다.

〈관련 단어〉

• 지상地上 : 땅의 위, 이 세상

• 지질학地質學 : 지각의 성립, 구조, 변동에 따르는 수륙 분포의 변이, 지구상의 변동, 연혁 등을 연구하는 학문

〈오늘 익혀볼 한자〉

地 땅 지	地	地	地		
부수 土 (흙토, 3획) 총6획					

Day **002**   육지陸地

陸地는 '물이 덮이지 않은 지구 표면'을 가리키는 말로 陸(뭍 육), 地(땅 지)로 이루어져 있습니다. 陸(뭍 육)은 뜻을 나타내는 좌부변(阝 (=阜) → 언덕)와 음을 나타내는 글자 초(륙)이 합하여 이루어진 한자입니다.

〈관련 단어〉
- 육상경기陸上競技 : 육상에서 하는 운동 경기. 주로 달리기, 뛰어오르기, 던지기의 기본 동작으로 이루어진 경기의 총칭
- 육군陸軍 : 육지에서 싸우는 군대

〈오늘 익혀볼 한자〉

陸 뭍 육	陸	陸	陸		
부수 阝 (좌부변, 3획) 총11획					

지역 地域

'일정한 땅의 구역'이라는 의미의 '지역'은 地(땅 지)와 域(지경 역)이 결합한 단어입니다. '땅의 가장자리, 경계'를 뜻하는 글자, 域(지경 역)은 '범위 밖'을 의미하는 '역외(域外)'나 '일정한 기준으로 갈라놓은 지역이나 범위'를 의미하는 '구역(區域)' 등 경계나 범위를 말할 때 사용합니다.

〈비슷한 뜻을 가진 한자〉
- 區 구분할 구, 지경 구, 숨길 우 / 垠 지경 은 / 垓 지경 해
- 堺 지경 계 / 境 지경 경 / 界 지경 계

〈오늘 익혀볼 한자〉

域 지경 역	域	域	域		
부수 土 (흙토, 3획) 총11획					

Day **004**   국경國境

國境(나라 국, 지경 경)은 '나라와 나라 사이의 경계'를 의미하는 말입니다. 境(지경 경)은 뜻을 나타내는 흙토(土－·흙)와 음을 나타내는 글자 竟(경)이 합하여 이루어진 글자로, '땅의 가장자리, 경계'를 뜻합니다.

〈관련 단어〉
• 경계境界 : 사물이 어떠한 기준에 의하여 분간되는 한계
• 지경地境 : 땅의 경계

〈오늘 익혀볼 한자〉

境 지경 경	境	境	境		
부수 土 (흙토, 3획) 총14획					

Day **005**　　광야廣野

광야는 廣(넓을 광)과 野(들 야)가 결합한 단어로, '너른 들, 아득하게 너른 벌판'을 의미합니다. 野(들 야)는 뜻을 나타내는 마을리(里→마을)部와 음을 나타내는 予(여→야)가 합하여 이루어진 글자로, '들, 들판' 또는 '구역, 범위'의 의미로 쓰입니다.

〈관련 단어〉
- 야인野人 : 교양이 없고 거친 사람. 또는 벼슬을 하지 않고 지내는 양반 계급의 사람
- 야합野合 : 좋지 못한 목적으로 서로 어울림
- 야외野外 : 마을에서 좀 멀리 떨어져 있는 들

〈오늘 익혀볼 한자〉

野 들 야	野	野	野		
부수 里 (마을리, 7획) 총11획					

Day **001** 강호江湖

江(강 강)은 뜻을 나타내는 삼수변(氵=水, 氺)→물)와 음을 나타내는 工(공→강다)으로 이루어진 글자로, 강을 뜻합니다. 湖(호수 호) 역시 뜻을 나타내는 삼수변(氵=水, 氺) →물)部와 음을 나타내는 胡(호)가 합하여 이루어진 글자로, 호수나 큰 못을 의미합니다.

〈오늘 익혀볼 한자〉

江 강 강	江	江	江		
부수 氵 (삼수변, 3획) 총6획					

湖 호수 호	湖	湖	湖		
부수 氵 (삼수변, 3획) 총12획					

Day **002**   운하運河

運河(옮길 운. 물 하)는 '배의 운항이나 수리, 관개 따위를 위하여 육지에 파 놓은 물
길'을 말합니다. 河(물 하)는 뜻을 나타내는 삼수변(氵(=水, 氺)→물)部와 음을 나타내
는 可(가→하)가 합쳐진 글자로, '강물'을 뜻합니다.

〈비슷한 뜻을 가진 한자〉
川 내 천 / 江 강 강 / 海 바다 해 / 溪 시내 계 / 水 물 수

〈오늘 익혀볼 한자〉

河 물 하	河	河	河		
부수 氵 (삼수변, 3획) 총8획					

Day **003**　해군海軍

해군은 海(바다 해), 軍(군사 군)으로 이루어져 '바다에서 전투를 맡아 하는 군대'라는 의미가 있습니다. 海(바다 해)는 뜻을 나타내는 삼수변(氵(=水, 氺)→물)部와 음을 나타내는 每(매→해)가 합하여 이루어진 글자입니다.

〈관련 단어〉
- 해상海上 : 바다 위
- 해역海域 : 바다의 일정한 구역
- 해량海諒 : 바다처럼 넓은 마음
- 해안선海岸線 : 바다와 육지가 서로 닿아 길게 뻗친 줄

〈오늘 익혀볼 한자〉

海 바다 해	海	海	海		
부수 氵 (삼수변, 3획) 총10획					

Day **004**   홍수洪水

洪(넓을 홍)은 뜻을 나타내는 삼수변(氵(=水, 氺)→물)部와 음을 나타내며 동시에 '크다'의 뜻을 가진 共(공→홍)으로 이루어진 글자로, '큰물', '넓다', '크다'는 의미가 있습니다. 여기에 水(물 수)가 더해져서 '비가 많이 와서 하천이 넘치거나 땅이 물에 잠기게 된 상태'를 뜻하는 '홍수'가 됩니다.

〈오늘 익혀볼 한자〉

洪 넓을 홍	洪	洪	洪		
부수 氵 (삼수변, 3획) 총9획					

水 물 수	水	水	水		
부수 水 (물수, 4획) 총4획					

Day **005**　　적로滴露

적로는 '방울지며 떨어지는 이슬'이란 의미를 갖고 있는 단어로, 滴(물방울 적)과 露(이슬 로)가 결합한 단어입니다. 露(이슬 로)는 뜻을 나타내는 비우(雨→비, 비가 오다)部와 음을 나타내는 동시에 잇닿는다는 뜻을 나타내기 위한 路(로)로 이루어진 단어입니다. 수증기가 낱알 모양으로 잇닿아 있는 것, 즉 이슬을 의미합니다.

〈오늘 익혀볼 한자〉

露 이슬 로	露	露	露		
부수 雨 (비우, 8획) 총21획					

Day 001   진액津液

진액은 '생물의 몸 안에서 생겨나는 액체. 수액이나 체액 따위'를 의미하는 단어로, 津(나루 진)과 液(진 액)이 결합하여 만들어진 단어입니다. 液(진 액)은 뜻을 나타내는 삼수변(氵(=水, 氺) → 물)部와 음을 나타내는 夜(야)가 합하여 이루어진 글자로, '진액, 즙'의 의미가 있습니다.

〈관련 단어〉
• 액체液體 : 일정한 부피는 가졌으나 일정한 형태를 가지지 못한 물질
• 액화液化 : 기체나 고체가 액체로 변함

〈오늘 익혀볼 한자〉

液 진 액	液	液	液		
부수 氵 (삼수변, 3획) 총11획					

Day **002**　온천溫泉

지열로 인해 땅속에서 솟아나는 더운물을 온천溫泉이라고 합니다. 물이기 때문에 우리가 자주 쓰는 川(내 천)이 쓰일 거라고 생각하기 쉬운데, 온천에는 지하수라는 의미의 泉(샘 천)을 씁니다.

〈오늘 익혀볼 한자〉

泉 샘 천	泉	泉	泉		
부수 水 (물 수, 4획) 총9획					

溫 따뜻할 온	溫	溫	溫		
부수 氵 (삼수변, 3획) 총13획					

Day **003**   파도波濤

'큰 물결'이라는 뜻의 파도는 波(물결 파)와 濤(물결 도)로 이루어져 있습니다. 波(물결 파)는 뜻을 나타내는 삼수변(氵)部과 음을 나타내는 皮(피→파)로 이루어져 있습니다.

〈관련 단어〉

• 파급波及 : 어떤 일의 여파나 영향이 미치는 범위가 차차 넓어짐

• 파동波動 : 물결의 움직임

• 파장波長 : 파동에서, 같은 위상을 가진 서로 이웃한 두 점 사이의 거리

〈오늘 익혀볼 한자〉

波 물결 파	波	波	波		
부수 氵 (삼수변, 3획) 총8획					

Day 004   탕약湯藥

'달여 먹는 한약'을 탕약이라고 하는데, 湯(끓일 탕)과 藥(약 약)이 결합한 단어입니다. 湯(끓일 탕)은 뜻을 나타내는 삼수변(氵→물)部와 음을 나타내는 동시에 뜨겁다는 뜻을 나타내는 글자 昜(양)으로 이루어져, '끓이다', '끓인 물'의 뜻이 있습니다.

〈오늘 익혀볼 한자〉

湯 끓일 탕	湯	湯	湯		
부수 氵 (삼수변, 3획) 총12획					

Day **005**   적하滴下

적하는 滴(물방울 적), 下(아래 하)가 결합되어 '방울이 져서 떨어짐. 방울지게 떨어뜨림'이란 뜻을 가진 단어입니다. 滴(물방울 적)은 '물'을 뜻하는 삼수변(氵)部와 음을 나타내는 동시에 물이 뚝뚝 떨어질 때의 소리를 나타내는 글자 啇(적)으로 이루어져, '물방울' 또는 '극히 적은 분량'이라는 뜻의 글자입니다.

〈관련 고사성어〉
- 대해일적大海一滴 : 넓고 큰 바다에 물방울 하나라는 뜻으로, 많은 것 가운데 아주 작은 것이라는 뜻
- 수적천석水滴穿石 : 물방울이 바위를 뚫는다는 뜻으로, 작은 노력이라도 끈기 있게 계속 하면 큰일을 이룰 수 있다는 뜻

〈오늘 익혀볼 한자〉

滴 물방울 적	滴	滴	滴		
부수 氵 (삼수변, 3획) 총14획					

Day **001**   인류人類

人類(사람 인. 무리 류)는 사람을 다른 동물과 구별하여 이르는 말로 세계의 모든 사람을 일컫는 말입니다. 類(무리 류)는 종류(種類), 유사(類似) 등 '모여서 뭉친 한 동아리, 같은 뜻을 가지고 모여서 한패를 이룬 무리'라는 의미로 씁니다.

〈관련 고사성어〉
• 유유상종類類相從 : 같은 무리끼리 서로 왕래하며 사귐

〈오늘 익혀볼 한자〉

類 무리 류	類	類	類		
부수 頁 (머리혈, 9획) 총19획					

Day **002**　악당惡黨

악당은 惡(악할 악)과 黨(무리 당)이 결합되어 만들어진 단어로, '악한 무리'라는 뜻을 갖고 있습니다. 黨(무리 당)은 뜻을 나타내는 검을흑(黑)과 음을 나타내는 尙(상→당)으로 이루어진 글자로, 원래는 '쓸데없이 사람들이 많이 모이는 모임'이란 뜻이었는데, 나중에는 '같은 목적으로 모이는 사람들'이란 뜻으로 쓰이게 되었습니다.

〈관련 단어〉
- 정당政黨 : 정치적인 주의나 주장이 같은 사람들이 정권을 잡고 정치적 이상을 실현하기 위하여 조직한 단체
- 당리당략黨利黨略 : 당의 이익과 당파의 계략

〈오늘 익혀볼 한자〉

黨 무리 당	黨	黨	黨		
부수 黑 (검을흑, 12획) 총20획					

Day **003**   파벌派閥

'개별적인 이해관계를 따라 갈라진 사람들의 집단'을 '파벌(갈래 파, 문벌 벌)'이라고
합니다. 단어를 형성하는 두 글자 모두 '무리'의 의미를 내포하고 있는데요. 派(갈
래 파)는 학파(學派), 종파(宗派) 등 분류의 느낌이 강하고, 閥(문벌 벌)은 출신, 이해, 인
연과 같은 느낌이 강합니다.

〈오늘 익혀볼 한자〉

派 갈래 파	派	派	派		
부수 氵 (삼수변, 3획) 총9획					

閥 문벌 벌	閥	閥	閥		
부수 門 (문문, 8획) 총14획					

Day **004**　집단集團

집단은 集(모을 집)과 團(둥글 단)이 합쳐져 '모여서 이룬 떼, 단체'를 의미합니다. 集(모을 집)은 나무(木) 위에 새(새추(隹→새))가 모여서 앉아 있는 것을 나타낸 글자로, '모이다'는 의미가 있습니다. 團(둥글 단)은 뜻을 나타내는 큰입구몸(口)部와 음을 나타내는 專(전)이 합하여 이루어진 글자로, '둥글다', '모이다, 모으다'라는 의미가 있습니다.

〈오늘 익혀볼 한자〉

集 모을 집	集	集	集		
부수 隹 (새추, 8획) 총12획					

團 둥글 단	團	團	團		
부수 口 (큰입구몸, 3획) 총14획					

Day **005** 회사會社

會社(모일 회. 모일 사)는 상행위를 목적으로 두 사람 이상이 설립한 사단법인을 말합니다. 會(모일 회)는 '어떤 목적을 이루기 위하여 여러 사람이 조직한 단체'라는 뜻이 있습니다. 모일 사는 '모이다' '단체'라는 뜻과 '제사를 지내다'라는 뜻이 있습니다.

〈오늘 익혀볼 한자〉

會 모일 회	會	會	會		
부수 曰 (가로왈, 4획) 총13획					

社 모일 사	社	社	社		
부수 礻 (보일시변, 4획) 총7획					

Day **001**   초창기 草創期

'어떤 일을 일으켜 처음 시작하는 시기'를 일컫는 '초창기'는 草(풀 초), 創(비롯할 창),
期(기약할 기)로 이루어져 있습니다. 草(풀 초)는 '풀'이라는 뜻의 글자지만 '시초, 시
작하다, 창조하다'는 뜻도 있습니다. 創(비롯할 창)은 뜻을 나타내는 선칼도방(刂=刀)
部와 음을 나타내는 동시에 '상처를 내다'의 뜻을 가진 倉(창)으로 이루어진 글자
로, '비롯하다, 시작하다'는 뜻과 '다치다, 상하다'라는 뜻이 있습니다.

〈오늘 익혀볼 한자〉

創 비롯할 창	創	創	創		
부수 刂 (선칼도방, 2획) 총12획					

Day **002**　　시작始作

시작은 始(비로소 시)와 作(지을 작)이 합쳐져 형성된 단어로, '처음으로 함'이란 의미가 있습니다. 始(비로소 시)는 뜻을 나타내는 계집녀(女)部와 음을 나타내는 台(태, 이→시)가 합하여 이루어진 글자입니다. 여자의 뱃속에 아기가 생기는 일이 시초라는 데서 '비로소', '처음'이란 뜻을 갖게 되었습니다.

〈오늘 익혀볼 한자〉

始 비로소 시	始	始	始		
부수 女 (계집녀, 3획) 총8획					

Day **003** 원수元首

국가의 최고 통치권을 가진 사람, 곧, 임금 또는 대통령을 가리켜 '원수'라고 합니다. 원수는 元(으뜸 원), 首(머리 수)로 이루어져 있지요. 元(으뜸 원)은 '으뜸, 처음, 시초'라는 뜻으로 쓰이고, 화폐의 단위를 쓸 때도 이 글자를 사용합니다. 首(머리 수)는 얼굴·머리·목 등 사람의 머리 앞모양을 본뜬 글자로, 머리는 몸의 맨 위에 있어 '우두머리, 처음'의 뜻으로도 쓰입니다.

〈오늘 익혀볼 한자〉

元 으뜸 원	元	元	元		
부수 儿 (어진사람인발, 2획) 총4획					

首 머리 수	首	首	首		
부수 首 (머리수, 9획) 총9획					

Day **004** 선두先頭

선두는 先(먼저 선)과 頭(머리 두)로 이루어져 '맨 앞, 첫머리'라는 뜻이 있습니다. 頭(머리 두)는 뜻을 나타내는 머리혈(頁)部와 음을 나타내는 豆(두)가 합하여 이루어진 글자입니다. 사람의 머리가 몸 위에 곧게 달려 있는 모습을 의미하며 '머리, 일의 시작'의 뜻이 있습니다.

〈관련 단어〉
• 두위頭圍 : 머리둘레
• 두괄식頭括式 : 한 문단 안에서 주제문이 문단 머리에 자리하며, 그 뒤로 주제문에 대한 예증, 부연, 논증을 전개하는 문장 구성방식
• 두목頭目 : 집단의 우두머리

〈오늘 익혀볼 한자〉

頭 머리 두	頭	頭	頭		
부수 頁 (머리혈, 9획) 총16획					

Day **005** 원시原始

원시는 原(근원 원)과 始(비로소 시)로 이루어진 단어로, '처음, 시초, 자연 그대로 사람의 손이 가해지지 않은 상태'를 말합니다. 原(근원 원)은 명사 앞에 쓰여 본디 처음의 뜻을 나타내는 말입니다.

〈관련 단어〉

• 원작原作 : 본디의 저작 또는 제작. 연극, 영화에서 각색된 각본에 대하여 그 소재가 된 소설, 희곡 따위

• 원동력原動力 : 모든 사물의 활동의 근원이 되는 힘. 동력

〈오늘 익혀볼 한자〉

原 근원 원	原	原	原		
부수 厂 (민엄호, 2획) 총10획					

26 Week

Day **001**   야수野獸

야수는 野(들 야)와 獸(짐승 수)가 결합한 단어로, '들짐승'을 뜻합니다. 동물에 관련된 한자 짐승 수는 兽(수), 獸(수)의 본자(本字)인데, 嘼(가축 축→짐승을 잡는 도구→사냥)과 犬(개 견)의 합자로 '사냥에서 잡힌 것, 짐승'이란 뜻이 있습니다.

〈관련 단어〉

• 맹수猛獸 : 육식을 주로 하는 매우 사나운 짐승

• 수의사獸醫師 : 가축에 생기는 여러 가지 질변을 진찰하고 치료를 맡아보는 의사

〈오늘 익혀볼 한자〉

獸 짐승 수	獸	獸	獸		
부수 犬 (개견, 4획) 총19획					

Day **002**   조류鳥類

조류는 鳥(새 조)와 類(무리 류)가 합쳐진 말로, 조강(綱)의 척추동물을 일상적으로 통틀어 이르는 말입니다. 鳥(새 조)는 새의 모양을 본 따 만들어진 글자로, 새를 총칭합니다.

〈관련 단어〉
- 조류독감鳥類毒感 : 닭, 칠면조와 같은 가금류와 야생 조류 등에 감염되는 급성 바이러스 전염병
- 조감도鳥瞰圖 : 높은 곳에서 아래를 내려다본 상태의 그림이나 지도

〈오늘 익혀볼 한자〉

鳥 새 조	鳥	鳥	鳥		
부수 鳥 (새조, 11획) 총11획					

Day **003**   돈육豚肉

돈육은 豚(돼지 돈)과 肉(고기 육)이 합하여 형성된 단어로, '돼지고기, 식용으로 하는 돼지의 고기'를 의미합니다. 豚(돼지 돈)은 돼지 시(豕)部와 月(월→肉육)로 이루어진 글자로, 멧돼지와 구별해 제사에 바치는 고기, 즉 돼지를 뜻합니다..

〈같은 뜻을 가진 한자〉
- 亥(돼지 해) : 돼지의 모양을 본뜬 글자로, 음을 빌어 십이지(十二支)의 열둘째 글자로 씀.

〈오늘 익혀볼 한자〉

豚 돼지 돈	豚	豚	豚		
부수 豕 (돼지시, 7획) 총11획					

Day **004**   가축家畜

家畜(집 가, 짐승 축)은 오랜 세월에 걸쳐 사람에게 길들여져 집에서 기르는 짐승을 일컫는 말입니다. 짐승, 가축을 뜻하는 글자 축은 田(밭 전)과 玄(현→수를 불리다→玆 의 생략자)의 합자로 '쌓다, 모으다'라는 의미로도 쓰입니다.

〈오늘 익혀볼 한자〉

畜 짐승 축	畜	畜	畜		
부수 田 (밭전, 5획) 총10획					

Day **005**   호가호위狐假虎威

호가호위는 狐(여우 호), 假(거짓 가), 虎(범 호), 威(위엄 위)로 형성된 고사성어로, '여우가 호랑이의 위세를 빌려 호기를 부린다', 즉 '남의 세력을 빌어 위세를 부림'이라는 뜻입니다. 여기 동물과 관련된 한자가 두 자 등장하는데요. 같은 음을 가졌지만 한 글자는 여우를 뜻하고 한 글자는 호랑이를 뜻합니다.

〈오늘 익혀볼 한자〉

狐 여우 호	狐	狐	狐		
부수 犭 (개사슴록변, 3획) 총8획					

虎 범 호	虎	虎	虎		
부수 虍 (범호엄, 6획) 총8획					

**27
Week**

Day **001**   과실果實

과실은 먹을 수 있는 나무의 열매라는 뜻으로, 果(열매 과)와 實(열매 실)이 합하여 이루어진 단어입니다. 果(열매 과)는 나무 위에 열매가 열린 모양을 본 뜬 글자로, 실과, 열매를 뜻하는 글자입니다. 열매를 맺는다는 데서 일의 결과나 혹은 과감히 한다는 뜻으로 쓰이기도 합니다.

〈오늘 익혀볼 한자〉

果 실과 과	果	果	果		
부수 木 (나무목, 4획) 총8획					

Day **002**   홍시紅柹

紅(붉을 홍)과 柹(감나무 시)로 이루어진 홍시는 물렁하게 잘 익은 감을 일컫는 말입니다. 여기서 柹는 감나무나 감을 의미합니다.

〈관련 단어〉
- 관시串柹 : 곶감
- 백시白柹 : 곶감. 껍질을 벗기고 꼬챙이에 꿰어서 말린 감
- 연시軟柹 : 물렁하게 잘 익은 감

〈오늘 익혀볼 한자〉

柹 감나무 시	柹	柹	柹		
부수 木 (나무목, 4획) 총9획					

Day **003**   매실梅實

매실(梅 매화 매, 實 열매 실)이 매화나무의 열매라는 사실, 아셨나요? 한자를 알면 쉽게 파악할 수 있답니다. 實(열매 실)은 갓머리(宀→집, 집 안)와 貫(관→끈으로 꿴 많은 동전, 즉, 財貨(재화)의 뜻)이 합하여 이루어진 글자로, 집안에 재화가 가득하다는 의미가 있습니다. 더 나아가 씨가 잘 여문 열매, 참다움, 내용의 뜻도 있습니다.

〈관련 단어〉
- **실리實利** : 실제로 얻은 이익
- **실력實力** : 실제로 갖추고 있는 힘이나 능력

〈오늘 익혀볼 한자〉

實 열매 실	實	實	實		
부수 宀 (갓머리, 3획) 총14획					

Day **004** 행단杏亶

행단은 공자가 은행나무단 위에서 강학하였다는 옛일에서 유래된 말로, '학문을 닦는 곳'이란 뜻입니다. 여기서 행은 살구나 살구나무, 은행나무를 뜻하는 한자로, 뜻을 나타내는 나무목(木)部와 음을 나타내는 向(향)의 생략형 口(구)로 이루어진 글자입니다.

〈관련 단어〉
• 행림 : 의원을 달리 이르는 말. 옛날 동봉이란 의원이 치료의 대가로 중환자에게는 다섯 그루, 경환자에게는 한 그루씩 살구나무를 심게 한 것이 몇 년 뒤에 가서 울창한 수풀을 이루었다는 옛일에서 온 말.

〈오늘 익혀볼 한자〉

杏 살구 행	杏	杏	杏	
부수 木 (나무목, 4획) 총7획				

Day **005** 　조동율서棗東栗西

조동율서는 棗(대추 조), 東(동녘 동), 栗(밤 율), 西(서녘 서)로 이루어진 말로, 제사 지낼 제물을 차릴 때 대추는 동쪽에, 밤은 서쪽에 놓는다는 뜻을 갖습니다. 과일에 관련된 글자로는 대추나 대추나무를 뜻하는 조와 밤이나 밤나무를 뜻하는 율이 포함되어 있는데요. 밤 율은 '많은 모양, 단단하다, 잘 여물다, 두려워하다' 등의 뜻으로도 쓰입니다.

〈오늘 익혀볼 한자〉

棗 대추 조	棗	棗	棗		
부수 木 (나무목, 4획) 총12획					

栗 밤 율	栗	栗	栗		
부수 木 (나무목, 4획) 총10획					

151

**28
Week**

Day **001**　　강우 降雨

강우는 降(내릴 강), 雨(비 우)로 이루어진 단어로, '비가 내림'이란 뜻을 갖고 있습니다. 우리가 자주 사용하는 한자 雨(비 우)는 하늘에서 물방울이 떨어지고 있는 모양을 본떠 만들어진 글자입니다. 부수(部首)로 쓰일 때는 비 또는 구름, 기타 기상에 관한 뜻을 나타냅니다.

〈관련 고사성어〉
- 우수천석雨垂穿石 : 떨어지는 빗방울이 돌을 뚫는다는 뜻으로, 아무리 어려운 상황일지라도 노력하면 해결되지 않는 일은 없다는 뜻
- 우후죽순雨後竹筍 : 비가 온 뒤에 솟는 죽순이라는 뜻으로, 어떤 일이 일시에 많이 일어남을 이르는 말

〈오늘 익혀볼 한자〉

雨 비 우	雨	雨	雨		
부수 雨 (비우, 8획) 총8획					

Day 002   태풍颱風

颱(태풍 태)는 뜻을 나타내는 바람풍(風)部와 음을 나타내는 台(태)가 합하여 이루어진 글자로, '태풍, 몹시 부는 바람'이란 뜻이 있습니다. 風(바람 풍)은 무릇(凡) 태풍이 지나간 다음에 병충(蟲)이 많이 번식한다는 뜻을 합하여, '바람'이란 뜻이 있습니다. 바람이라는 뜻 외에도 '풍속, 습속'의 뜻이나, 중풍(中風)과 같이 '질병'의 뜻도 있습니다.

〈오늘 익혀볼 한자〉

風 바람 풍	風	風	風		
부수 風 (바람풍, 9획) 총9획					

颱 태풍 태	颱	颱	颱		
부수 風 (바람풍, 9획) 총14획					

Day **003**　　섬광閃光

번개가 갈라지는 모습을 나타내는 단어 '섬광'은 번쩍일 섬과 빛 광으로 이루어져 있습니다. 閃(번쩍일 섬)은 門(문)과 人(인)의 합자로, 문 속에 있는 사람을 흘끗 본다, 즉 번득임이라는 뜻이 있습니다. 光(빛 광)은 火(불)과 사람인(人=儿)의 합자로, 사람이 횃불을 들고 밝게 비추고 있다, 즉, '빛'이란 뜻이 있습니다. 더 나아가 '번영하다' '영화롭다'는 의미도 있습니다.

〈오늘 익혀볼 한자〉

閃 번쩍일 섬	閃	閃	閃		
부수 門 (바람풍, 9획) 총9획					

光 빛 광	光	光	光		
부수 儿 (어진사람인발, 2획) 총6획					

Day **004** 우박雨雹

'우박(雨 비 우. 雹 우박 박)'은 기상 이변 중 하나로 비와 눈의 중간 상태의 백색 덩어리가 내리는 것을 말합니다. 우박 박은 뜻을 나타내는 비우(雨)와 음을 나타내는 包(포→박)이 합하여 이루어진 글자입니다.

〈관련 단어〉
- 박이雹異 : 우박이 사람과 가축에게 피해를 끼치는 일
- 박재雹災 : 우박으로 말미암아 농작물이 받는 피해

〈오늘 익혀볼 한자〉

雹 우박 박	雹	雹	雹		
부수 雨 (비우, 8획) 총13획					

Day **005**　청천벽력 靑天霹靂

청천벽력은 靑(푸를 청), 天(하늘 천), 霹(벼락 벽), 靂(벼락 력)으로 이루어져, 맑게 갠 하늘에서 갑자기 떨어지는 벼락이라는 뜻으로, 돌발적인 사태나 사건을 이르는 말입니다. 霹(벼락 벽)은 뜻을 나타내는 비 우(雨)와 음을 나타내는 글자 辟(벽)이 합하여 이루어진 글자로 '벼락, 천둥'을 뜻합니다. 靂(벼락 력) 역시 뜻을 나타내는 비우(雨)部와 음을 나타내는 歷(력)이 합하여 이루어진 글자로 '벼락, 천둥'을 뜻합니다.

〈오늘 익혀볼 한자〉

霹 벼락 벽	霹	霹	霹		
부수 雨 (비우, 8획) 총21획					

靂 벼락 력	靂	靂	靂		
부수 雨 (비우, 8획) 총24획					

29 Week

Day **001** 속력速力

속력은 速(빠를 속), 力(힘 력)으로 이루어져 '빠른 힘, 빠르기'를 의미합니다. 速(빠를 속)은 뜻을 나타내는 책받침(辶(=辵)→쉬엄쉬엄 갈 착. 쉬엄쉬엄 가다)部와 음을 나타내는 동시에 나무를 다발로 묶음의 뜻을 나타내는 束(속)이 합쳐진 글자로, '빠르다'는 뜻이 있습니다.

〈같은 뜻을 가진 한자〉

捷 빠를 첩, 이길 첩, 꽂을 삽 / 潚 빠를 숙, 깊고 맑을 축 / 敏 민첩할 민

早 이를 조 / 迅 빠를 신 / 适 빠를 괄, 맞을 적

〈오늘 익혀볼 한자〉

速 빠를 속	速	速	速		
부수 辶 (책받침, 3획) 총10획					

Day **002**   질주疾走

疾(병 질)과 走(달릴 주)가 합쳐진 '질주'는 '빨리 달림'이란 의미의 단어입니다. 疾(병 질)은 뜻을 나타내는 병질엄(疒)部와 음을 나타내는 矢(시→화살)가 합하여 이루어진 글자입니다. 원래 이 글자는 '화살에 입은 상처'를 뜻하였지만, 지금은 '앓다, 미워하다'의 뜻으로 쓰이고, 음을 빌어, '재빠르다'는 뜻으로도 쓰입니다.

〈오늘 익혀볼 한자〉

疾 병 질	疾	疾	疾		
부수 疒 (병질엄, 5획) 총10획					

Day **003** 민첩敏捷

민첩은 敏(민첩할 민), 捷(빠를 첩)이 합쳐진 단어로, '재빠르고 날램'이란 뜻이 있습니다. 敏(민첩할 민)은 뜻을 나타내는 등글월문(攵(=攴) : 일을 하다. 회초리로 치다)部와 음을 나타내는 每(매→민)로 이루어진 글자로, '강제로 일하게 하다'라는 뜻이 발전하여 '재빨리 시키다→재빠르다'는 뜻을 갖게 되었습니다. 捷(빠를 첩)은 뜻을 나타내는 재방변(扌(=手)→손)部와 음을 나타내는 글자 疌(섭·접→첩)이 합하여 이루어진 글자로, '이기다, 승리하다'는 뜻으로 쓰이기도 합니다.

〈오늘 익혀볼 한자〉

敏 민첩할 민	敏	敏	敏		
부수 攵 (등글월문, 4획) 총11획					

捷 빠를 첩	捷	捷	捷		
부수 扌 (재방변, 3획) 총11획					

159

Day **004**　　완행緩行

완행은 緩(느릴 완)과 行(다닐 행)이 합한 단어로 '느리게 다니다'는 뜻이 있습니다. 緩(느릴 완)은 뜻을 나타내는 실사(糸)部와 음을 나타내는 동시에 여유가 있다는 뜻을 가진 爰(완)으로 이루어진 글자입니다. '느리다', '느슨하다', '늦추다'는 뜻이 있고, '부드럽다', '너그럽다'는 뜻으로도 사용됩니다.

〈관련 단어〉
- 완만緩慢 : 움직임이 느릿느릿함, (경사가) 급하지 않음.
- 완행열차緩行列車 : 각 역마다 서는, 빠르지 않은 열차
- 완화緩和 : 급박하거나 긴장된 상태를 느슨하게 함

〈오늘 익혀볼 한자〉

緩 느릴 완	緩	緩	緩		
부수 糸 (실사, 6획) 총15획					

Day **005**　조급 躁急

'참을성이 없이 매우 급하다'는 뜻의 '조급'은 躁(조급할 조), 急(급할 급)으로 이루어져 있습니다. 躁(조급할 조)는 뜻을 나타내는 발 족(足)部와 음을 나타내는 글자 喿(조)가 합하여 이루어진 글자로 '조급하다', '떠들다', '성급하다'는 뜻을 갖고 있습니다. 急(급할 급)은 뜻을 나타내는 마음 심(心(= 忄, 㣺))部와 음을 나타내는 글자 刍(추)가 합(合)하여 이루어진 글자입니다. 刍(추→及(급))는 남을 쫓아 따라가는 모양이며 조급한 마음(心)이라는 뜻과 합(合)하여 이루어진 글자로 '급하다'는 뜻 이외에도 '중요하다' '재촉하다' '경계하다' 등의 의미로도 쓰입니다.

〈오늘 익혀볼 한자〉

急 급할 급	急	急	急		
부수 心 (마음심, 4획) 총9획					

30
Week

Day 001 　시장市場

상품의 거래가 이루어지는 장소를 뜻하는 '시장'은 市(저자 시)와 場(마당 장)으로 이루어져 있습니다. 市(저자 시)는 '옷(巾)을 차려 입고 장보러 간다(之)'는 뜻이 담겨 있는 글자로 '시장'을 의미합니다. 또한 '특별시', '광역시' 등 행정 구획의 단위로도 쓰이고 있습니다. 場(마당 장)은 뜻을 나타내는 흙 토(土)部와 음을 나타내는 글자 昜(양→장)이 합하여 이루어져 '마당, 장소'의 뜻이 있습니다.

〈오늘 익혀볼 한자〉

市 저자(시장) 시	市	市	市		
부수 巾 (수건건, 3획) 총5획					

場 마당 장	場	場	場		
부수 土 (흙토, 3획) 총12획					

Day **002**   주소住所

주소는 住(살 주)와 所(바 소)가 결합한 단어로, '사는 곳'이란 의미가 있습니다. 所(바 소)는 음을 나타내는 戶(호→소)와 도끼로 찍은 그 곳이라는 뜻이 합하여 '곳' '장소'라는 뜻이 있습니다.

〈오늘 익혀볼 한자〉

所 바 소	所	所	所		
부수 戶 (지게호, 4획) 총8획					

住 살 주	住	住	住		
부수 亻 (사람인변, 2획) 총7획					

Day **003**　거주지居住地

거주지는 居(살 거), 住(살 주), 地(땅 지)로 이루어져, '현재 거주하고 있는 장소'를 의미합니다. 居는 뜻을 나타내는 주검시엄(尸→주검시)部와 음을 나타내는 古(고 : 고정시키는 일→거)로 이루어져, '앉아서 거기에 있음'을 뜻합니다. 住(살 주)는 뜻을 나타내는 사람인변(亻(=人)→사람)部와 음을 나타내는 主가 합하여 이루어진 글자로, '살다, 거주하다'라는 의미가 있습니다.

〈오늘 익혀볼 한자〉

居 살 거	居	居	居		
부수 尸 (주검시엄, 3획) 총8획					

Day **004**   기지基地

'군대, 탐험대 따위의 활동의 기점이 되는 근거지' 또는 '터전'을 일컬어 '기지'라고 합니다. 基(터 기)와 地(땅 지)로 이루어져 있는데, 基(터 기)는 뜻을 나타내는 흙 토(土) 部와 음을 나타내는 其(기)가 합한 글자입니다. '터, 기초, 토대'라는 의미로 주로 쓰이며, 이외에도 '근본, 사업, 쟁기, 자리를 잡다'는 의미로도 쓰입니다.

〈오늘 익혀볼 한자〉

基 터 기	基	基	基		
부수 土 (흙토, 3획) 총11획					

Day **005**   주방廚房

주방은 廚(부엌 주)와 房(방 방)으로 이루어진 단어로, '음식을 차리는 방'을 의미합니다. 房(방 방)은 뜻을 나타내는 지게 호(戶)部와 음을 나타내는 동시에 곁의 뜻을 가진 方(방)으로 이루어져, '사람이 거처하거나 일하기 위해 집안에 만들어 놓은 방'을 의미합니다.

〈같은 뜻을 가진 한자〉
閨 안방 규

〈오늘 익혀볼 한자〉

房 방 방	房	房	房		
부수 戶 (지게호, 4획) 총8획					

Day **001**   서책書冊

서책을 이루는 글자 書(글 세)는 '성인의 말씀(曰)을 붓(聿)으로 적은 것'이라는 뜻이 합쳐진, '글'을 뜻하는 글자입니다. 冊(책 책)은 대나무나 나무의 길이가 가지런하지 않는 패의 아래 위를 끈으로 엮은 모양을 나타내는 글자로, '책, 문서'의 뜻이 있습니다.

〈비슷한 뜻을 가진 한자〉
文 글월 문 / 章 글 장 / 籍 문서 적

〈오늘 익혀볼 한자〉

書 글 서	書	書	書		
부수 曰 (가로왈, 4획) 총10획					

冊 책 책	冊	冊	冊		
부수 冂 (멀경몸, 2획) 총5획					

167

Day **002**　기록記錄

기록은 記(기록할 기), 錄(기록할 록)으로 이루어져, '후일에 남길 목적으로 어떤 사실을 적음. 또는 그런 글'이란 의미의 단어입니다. 錄(기록할 록)은 뜻을 나타내는 쇠 금(金)部와 음을 나타내는 글자 彔(록)이 합하여 이루어진 글자입니다. 옛날에는 중요한 말을 청동기에 녹여 부어 기록하였기 때문에 금속을 의미하는 金(금)이 글자에 포함된 것이지요.

〈오늘 익혀볼 한자〉

錄 기록할 록	錄	錄	錄		
부수 金 (지게호, 4획) 총8획					

Day **003**   독서讀書

독서는 讀(읽을 독)과 書(글 서)로 이루어져 '책을 읽는 것'을 의미합니다. 讀(읽을 독)은 뜻을 나타내는 말씀 언(言)部와 음을 나타내는 글자 賣(매→독)이 합하여 이루어진 글자입니다. 주로 '읽다, 이해하다'는 의미로 쓰이며 '세다, 계산하다'는 의미로도 쓰입니다. 이두(吏讀),구두점(句讀點)처럼 '구절(句와 節)'이라는 의미로 쓰일 때는 음을 '두'로 바꿔 읽어야 합니다.

〈오늘 익혀볼 한자〉

讀 읽을 독	讀	讀	讀		
부수 言 (말씀언, 7획) 총22획					

Day **004**　　서간書簡

편지를 일컫는 말로 書(글 서)와 簡(대쪽 간)을 씁니다. 簡(대쪽 간)은 대나무 조각을 말하는데요. 옛날에는 나무나 대나무의 패목(패목=팻말)에 글자를 썼고, 특히 약속은 패목들에 써서 둘로 나누어 가지고 있다가 후에 맞추어 보았다고 합니다. 때문에 簡(대쪽 간)은 '편지', '문서'의 뜻을 갖고 있습니다. 또 패목들을 증거로 맞추어 본 것에서 '비교해보다→알다→알기 쉽다→간단→대충'으로 의미가 변해 '간략하다' '대충'이라는 의미로도 쓰입니다.

〈관련 단어〉
· 간편簡便 : 간단하고 편리함
· 간지簡紙 : 편지에 쓰는 장지(壯紙)(두껍고 단단한 종이)로 접은 종이

〈오늘 익혀볼 한자〉

簡 대쪽 간 간략할 간	簡	簡	簡		
부수 竹 (대죽, 6획) 총18획					

Day **005**　서적書籍

서적(書 글 서, 籍 문서 적)은 책을 가리키는 말로, 일정한 목적, 내용, 체재에 맞추어 사상, 감정, 지식 따위를 글이나 그림으로 표현하여 적거나 인쇄하여 묶어 놓은 것을 의미합니다. 籍(문서 적)은 뜻을 나타내는 대 죽(⺮)部와 음을 나타내는 글자 耤(적·재)가 합하여 이루어질 글자로, '길이 한 자의 대나무의 패'를 의미합니다. 이 것에 글자를 기록하여 이은 것이 바로 서적의 원형이라고 할 수 있습니다. '문서', '서적'의 뜻을 갖고 있으며, '호적, 신분', '등록부'의 의미로 쓰이기도 합니다.

〈관련 단어〉
• 호적戶籍 : 호주(戶主)를 중심으로 하여 그 집에 속하는 사람의 본적지, 성명, 생년월일 따위의 신분에 관한 사항을 기록한 공문서

〈오늘 익혀볼 한자〉

籍 문서 적	籍	籍	籍		
부수 ⺮ (대죽, 6획) 총20획					

32 Week

Day **001**   미소微笑

미소는 微(작을 미)와 笑(웃음 소)로 이루어져, '소리를 내지 않고 빙긋이 웃는 웃음'을 의미합니다. 笑(웃음 소)는 음을 나타내는 夭(요:요염하게 앉아 있는 여자의 모양→소)와 대나무(竹)의 흔들리는 소리가 웃음소리 같다는 뜻이 합해져 '웃다'를 의미합니다.

〈관련 고사 성어〉
- 소납笑納 : 주로 편지에 쓰는 말로, 변변치 않지만 웃으며 받아달라는 뜻으로 겸손하게 일컫는 말
- 소중유검笑中有劍 : '웃음 속에 칼이 들어있다'는 뜻으로, 겉으로는 친절하지만 마음속으로는 헤치려 함을 이르는 말

〈오늘 익혀볼 한자〉

笑 웃음 소	笑	笑	笑	
부수 竹 (대죽, 6획) 총10획				

Day **002**   자조 自嘲

자조는 自(스스로 자)와 嘲(비웃을 조)가 합쳐진 것으로, '스스로를 비웃음'이란 의미가 있습니다. 嘲(비웃을 조)는 뜻을 나타내는 입구(口)와 음을 나타내는 朝(조)가 합하여 이루어진 글자로, '비웃다, 조종하다'는 의미가 있습니다.

〈비슷한 뜻을 가진 한자〉
嗤 비웃을 치 / 弄 희롱할 롱(농) / 謔 희롱할 학 / 譏 비웃을 기

〈오늘 익혀볼 한자〉

嘲 비웃을 조	嘲	嘲	嘲		
부수 口 (입구, 3획) 총15획					

Day **003**   오열嗚咽

'목이 메어 욺'이란 의미의 '오열'은 嗚(슬플 오)와 咽(목멜 열)이 합쳐진 단어입니다. 嗚(슬플 오)는 뜻을 나타내는 입구(口)部와 음을 나타내는 동시에 탄식하는 소리를 나타내는 烏(오)로 이루어진 글자로, '슬프다, 울다, 탄식하다'는 의미가 있습니다. 咽(목멜 열)은 뜻을 나타내는 입구(口)部와 음을 나타내는 因(인)이 합하여 이루어진 글자로, '목메다, 막히다'는 뜻이 있습니다. 그 외에도 '목, 목구멍'이라는 뜻으로 쓸 때는 '인'으로, '삼키다'는 뜻으로 쓸 때는 '연'으로 읽습니다.

〈오늘 익혀볼 한자〉

嗚 슬플 오	嗚	嗚	嗚		
부수 口 (입구, 3획) 총13획					

咽 목멜 열	咽	咽	咽		
부수 口 (입구, 3획) 총9획					

Day **004**　　빈축嚬蹙

빈축은 嚬(찡그릴 빈)과 蹙(닥칠 축)이 합쳐져 '눈살을 찌푸리고 얼굴을 찡그리는 것', '남들로부터 받는 비난이나 미움'을 의미합니다. 嚬(찡그릴 빈)은 뜻을 나타내는 입구(口)部와 음을 나타내는 頻(빈)이 합하여 이루어진 글자로, '찡그리다. 하품하다'는 의미를 갖고 있습니다.

〈관련 단어〉
- 빈소嚬笑 : 얼굴의 찡그림과 웃음. 기쁨과 슬픔
- 빈신嚬呻 : 얼굴을 찡그리고 끙끙거림

〈오늘 익혀볼 한자〉

嚬 찡그릴 빈	嚬	嚬	嚬		
부수 口 (입구, 3획) 총19획					

Day **005**   통곡痛哭

소리를 높여 슬피 우는 것을 뜻하는 '통곡'은 痛(아플 통)과 哭(울 곡)으로 이루어져 있습니다. 哭(울 곡)은 '외친다'는 뜻을 가진 吅(훤)과 犬(견)으로 이루어진 글자로, '개가 울부짖는다'는 뜻이 '사람이 슬픔에 겨워 울다'의 뜻으로 변화되었습니다. '소리를 내어 우는 울음'의 의미 외에도 '상례에서나 제를 지낼 때 소리를 내어 우는 울음'을 의미하기도 합니다.

〈관련 단어〉
- 곡성哭聲 : 슬피 우는 소리
- 곡읍哭泣 : 소리 내어 슬피 욺

〈오늘 익혀볼 한자〉

哭 울 곡	哭	哭	哭		
부수 口 (입구, 3획) 총10획					

33 Week

Day **001** 족쇄足鎖

족쇄는 足(발 족), 鎖(쇠사슬 쇄)로 이루어져, 죄인의 발에 채우는 쇠사슬을 가리키는 말입니다. 足(발 족)은 무릎에서 발끝까지의 모양을 본뜬 글자로 우리 신체의 '발'을 뜻합니다. 한자의 부수로 쓰이며, 足이 부수로 포함된 글자는 '발'에 연관된 글자임을 알려줍니다. '발'이라는 뜻 외에도 '뿌리, 근본', '넉넉하다, 충족하다' 등 다양한 의미로 쓰이는 글자입니다.

〈관련 단어〉
- 만족滿足 : 마음에 모자람이 없어 흐뭇함
- 사족蛇足 : 뱀의 발을 그린다는 뜻으로, 쓸데없는 일을 하다가 도리어 실패함을 이르는 말

〈오늘 익혀볼 한자〉

足 발 족	足	足	足		
부수 足 (발족, 7획) 총7획					

Day **002**   폐렴肺炎

肺(허파 폐)는 뜻을 나타내는 육달월(月(=肉)→살. 몸)部와 음을 나타내는 동시에 '초목이 무성하게 자라다→왕성하다'의 뜻을 나타내는 市(불→패)로 이루어진 글자입니다. '사람의 호흡의 근원이 되는 장기', 즉 '허파'를 뜻합니다.

〈관련 고사성어〉
- 폐부지언肺腑之言 : 마음속에서 우러나오는 참된 말
- 폐석풍정肺石風情 : 재판의 공정함을 이르는 말

〈오늘 익혀볼 한자〉

肺 허파 폐	肺	肺	肺		
부수 月 (육달월, 4획) 총8획					

Day **003**　　비염鼻炎

비염은 '콧속의 점막에 생기는 염증'을 가리키는 말로, 鼻(코 비)와 炎(불꽃 염)으로 이루어져 있습니다. 鼻(코 비)는 코의 모양을 나타내는 自(자)와 음을 나타내는 畀(비→물건(物件)을 주는 일)로 이루어진 글자입니다. 옛날엔 自(자)가 코의 뜻을 나타냈지만 나중에 自(자)가 自己(자기)·自然(자연) 등 여러 가지 뜻으로 쓰이자 코의 뜻으로 따로 鼻(비)란 글자를 만들었습니다.

〈오늘 익혀볼 한자〉

鼻 코 비	鼻	鼻	鼻		
부수 鼻 (코비, 14획) 총14획					

신장은 腎(콩팥 신), 臟(오장 장)이 합쳐져 오줌배설 기관인 콩팥을 가리키는 말입니다. 腎(콩팥 신)은 뜻을 나타내는 육달월(月(=肉)→살. 몸)部와 음을 나타내는 글자 臤(현·간→신)이 합하여 이루어진 글자입니다. 臟(오장 장)은 뜻을 나타내는 육달월(月(=肉)→살. 몸)部와 음을 나타내는 藏(장)이 합하여 이루어진 글자입니다. 음을 나타내는 藏(장)은 물건을 넣어 두는 곳, 즉, 물건이 어떤 것 속에 들어있는 것을 의미하고, 月(월)은 사람의 몸에 관계가 있는 일을 의미합니다.

〈관련 단어〉
• 장기臟器 : 내장의 여러 기관
• 오장육부五臟六腑 : 내장의 총칭
〈비슷한 뜻을 가진 한자〉
腑 육부 부

〈오늘 익혀볼 한자〉

臟 오장 장	臟	臟	臟		
부수 月 (육달월, 4획) 총22획					

Day **005**   요통腰痛

腰(허리 요)는 뜻을 나타내는 육달월(月(=肉)→살. 몸)部와 음을 나타내는 동시에 허리를 뜻하는 要(요)가 합쳐진 글자입니다. 要(요)가 주로 '구하다'의 뜻으로 쓰이게 되자 月(월)을 보태어 腰(요)를 만들고, 허리의 전용자(專用字)로 삼았습니다.

〈오늘 익혀볼 한자〉

腰 허리 요	腰	腰	腰		
부수 月 (육달월, 4획) 총13획					

34 Week

Day **001**   담력膽力

담력은 膽(쓸개 담), 力(힘 력)으로 이루어진, '겁이 없고 용감한 기운'이란 뜻의 단어입니다. 膽(쓸개 담)은 뜻을 나타내는 육달월(月(=肉) → 살, 몸)部와 음을 나타내는 詹(담)으로 이루어진 글자로, '쓸개, 담', '담력', '마음' 등의 뜻이 있습니다.

〈관련 단어〉
· 담낭膽囊 : 쓸개
· 담용膽勇 : 대담하고 용감함
· 담대膽大 : 담력이 큼

〈오늘 익혀볼 한자〉

膽 쓸개 담	膽	膽	膽		
부수 月 (육달월, 4획) 총17획					

슬하膝下

膝下(무릎 슬, 아래 하)는 '무릎 아래'라는 뜻으로 '어버이나 조부모의 보살핌 아래. 주로 부모의 보호를 받는 테두리 안'을 이르는 말입니다. 膝(무릎 슬)은 뜻을 나타내는 육달월(月(=肉)→살. 몸)部와 음을 나타내는 동시에 '꺾이다'는 뜻의 글자 桼(칠→슬)로 이루어진 글자입니다. 몸이 꺾이는 곳, 곧 '무릎'의 뜻이 있습니다.

〈관련 고사성어〉
- 슬전물좌친면물앙膝前勿坐親面勿仰 : 무릎 앞에 앉지 말고, 어버이의 얼굴을 똑바로 쳐다보지 말아야 함
- 슬갑도적膝甲盜賊 : 남의 시문을 표절하여 쓰는 사람

〈오늘 익혀볼 한자〉

膝 무릎 슬	膝	膝	膝		
부수 月 (육달월, 4획) 총15획					

Day **003**   기골氣骨

기골은 氣(기운 기), 骨(뼈 골)로 이루어져 '기혈과 뼈대 또는 겉으로 드러나 보이는 기백과 골격'을 아울러 이르는 말입니다. 骨(골)은 月(월→살)部와 冎(과)의 합자로, 살 속에 있는 뼈, 몸 속의 뼈를 뜻합니다. 한자의 부수로 쓰이며, 뼈에 관한 뜻을 나타냅니다.

〈관련 한자〉
• 같은 뜻을 가진 한자 : 骸(뼈 해)
• 반대 뜻을 가진 한자 : 肌(살가죽 기), 皮(가죽 피)

〈관련 단어〉
• 골다공증 : 뼈 조직에 석회 상분이 줄어들어 다공성을 나타내는 증세
• 골품 : 신라 때 있던 혈통에 따라 나눈 신분 제도

骨 뼈 골	骨	骨	骨		
부수 骨 (뼈골, 10획) 총10획					

근력筋力

근력은 筋(힘줄 근), 力(힘 력)으로 이루어진 단어로, '근육의 힘' 또는 '기력'을 뜻하는 말입니다. 月(육·월→살)과 力(력)이 '사람의 팔→근육의 힘줄'을 의미하고, 섬유가 많은 대나무 竹(죽→대나무)이 더해져 형성된 글자입니다. 대나무의 섬유가 본디 뜻인데, 나중에 사람 몸의 근육, 힘줄의 뜻으로 쓰이게 되고, 다시 가늘고 긴 것의 뜻으로도 쓰이게 되었습니다.

〈관련 단어〉
• 근육筋肉 : 힘줄과 살을 통틀어 이르는 말

〈같은 뜻을 가진 한자〉
筋 힘줄 근 / 劤 힘줄 근

〈오늘 익혀볼 한자〉

筋 힘줄 근	筋	筋	筋		
부수 竹 (대죽, 6획) 총12획					

185

Day **005**　　부종浮腫

몸이 붓는 병을 가리켜 '浮腫(뜰 부, 종기 종)'이라고 합니다. 腫(종기 종)은 뜻을 나타내는 육달월(月(=肉)→살, 몸)部와 음을 나타내는 重(중→·종)이 합하여 이루어진 글자로, '종기, 부스럼', '부르트다'는 뜻이 있습니다.

〈비슷한 뜻을 가진 한자〉

瘡 부스럼 창 / 瘻 부스럼 루/ 癤 부스럼 절

〈관련 단어〉

• 종양腫瘍 : 조절할 수 없이 계속 진행되는 세포 분열에 의한 조직의 새로운 증식이나 증대

• 종기腫氣 : 피부의 털구멍 따위로 화농성 균이 들어가서 생기는 염증

〈오늘 익혀볼 한자〉

腫 종기 종	腫	腫	腫		
부수 月 (육달월, 4획) 총13획					

Day 001 　관가官家

과거 '나라의 일을 보던 집'이나 '시골에서 고을 원'을 일컬어 '官(벼슬 관), 家(집 가)'
를 써서 '관가'라 불렀습니다. 우리가 '집'하면 가장 먼저 떠올리게 되는 한자가 바
로 家(집 가)입니다. 家(집 가)는 갓머리(宀→집, 집 안)部와 돼지(豕)를 기른다는 뜻을
합한 글자로, '집'을 뜻합니다.

〈비슷한 뜻을 가진 한자〉
堂 집 당 / 宇 집 우 / 宅 집 택, 댁 댁 / 室 집 실 / 宮 집 궁

〈오늘 익혀볼 한자〉

家 집 가	家	家	家		
부수 宀 (갓머리, 3획) 총10획					

Day **002**　궁궐 宮闕

임금이 거처하는 집을 가리켜 '궁궐'이라고 합니다. 궁궐은 宮(집 궁)과 闕(대궐 궐)이 합쳐진 단어로, 두 글자 모두 집을 의미하고 있습니다. 宮(집 궁)은 건물이 많이 늘어선 집을 뜻하는 글자로, 옛날엔 귀천에 관계없이 썼지만 진나라 이후 대궐의 뜻으로만 쓰게 되었습니다. 闕(대궐 궐)은 임금이 거처하는 곳을 통틀어 일컫는 글자로 쓰이며, 조정, 흠, 마땅히 해야 할 일을 빠뜨리다 등의 뜻으로 쓰입니다.

〈오늘 익혀볼 한자〉

宮 집 궁	宮	宮	宮		
부수 宀 (갓머리, 3획) 총10획					

闕 대궐 궐	闕	闕	闕		
부수 門 (문문, 8획) 총18획					

Day **003** 사찰寺刹

절이나 사원을 일컫는 '사찰'은 寺(절 사)와 刹(절 찰)로 이루어져 있습니다. 寺(절 사)는 일정한 법도(寸)에 따라 토지(土)를 관리하는 곳이라는 뜻이 합쳐진 글자로, '절, 관청'이란 뜻이 있습니다. 관청이라는 뜻으로 쓸 때는 '시'라고 읽습니다. 刹(절 찰)은 뜻을 나타내는 선칼도방(刂(=刀)→칼, 베다, 자르다)部와 음(音)을 나타내는 글자 㓊(살)이 합하여 이루어진 글자로, '절, 사찰', '기둥', '탑'의 뜻이 있습니다.

〈관련 단어〉
- 사원寺院 : 절이나 암자, 또는 성당, 교회당, 수도원 등 종교적 건물의 총칭
- 불사佛寺 : 절
- 부시府寺 : 관청

〈오늘 익혀볼 한자〉

寺 절 사	寺	寺	寺		
부수 寸 (마디촌, 3획) 총6획					

Day **004**   기숙사寄宿舍

'남의 집에 숙식함'을 일컫는 '기숙'이란 단어에 舍(집 사)가 합하여, '학교나 회사 따위에 딸려 있어 학생이나 사원에게 싼값으로 숙식을 제공하는 시설'을 가리키는 말로 쓰입니다. 舍(집 사)는 뜻을 나타내는 허설(舌→혀)部와 음을 나타내는 余(여→사)의 생략형이 합하여 이루어진 글자입니다. 余(여→사)는 여유 있음, 口(위)는 건물의 모양을 의미하며, 舍(사)는 나그네가 머무는 곳, 또 쉬다→내버려 두다 따위의 뜻에도 쓰입니다.

〈관련 단어〉
- 사감舍監 : 기숙사에서 기숙생들의 생활을 감독하는 사람
- 사랑방舍廊房 : 집의 안채와 따로 떨어져 손님을 접대하는 곳으로 쓰는 방

〈오늘 익혀볼 한자〉

舍 집 사	舍	舍	舍		
부수 舌 (허설, 6획) 총8획					

Day **005** 　주택住宅

주택은 住(살 주)와 宅(집 택)으로 이루어져, '사람이 살 수 있도록 지은 집'을 의미합니다. 宅(집 택)은 뜻을 나타내는 갓머리(宀→집, 집 안)部와 음을 나타내는 乇(탁 : 풀잎→댁)이 합하여 이루어진 글자로, 사람(人)이 의지(依支)하고 사는 집을 뜻합니다.

〈관련 단어〉
- 택배宅配 : 일정한 요금을 받고 개인 또는 기업으로부터 소형 화물의 운송을 의뢰받아 가정이나 지정된 장소에까지 수송 · 배달하는 일
- 택지宅地 : 집터. 집을 지을 땅

〈오늘 익혀볼 한자〉

宅 집 택	宅	宅	宅		
부수 宀 (갓머리, 3획) 총6획					

Tip 2.
부수部首를 알면 한자의 의미가 보인다

發{止   부수(部首)는 옥편이나 자전에서 한자를 찾는 데 필요한 길잡이가 되는 글자입니다. 챕터2에서 '주제별 한자'들을 살펴보았는데요. 주제별 한자를 보다보면 같은 부수를 쓰는 한자가 많다는 걸 알 수 있습니다. 때문에 자주 쓰이는 한자들의 부수만 알아두어도 대충 무엇에 관련된 한자인지 그 의미를 파악할 수 있지요.

한자에는 540개의 부수가 있고, 중복된 부수를 고려했을 때 214개 부수로 요약됩니다. 그중에서도 가장 많은 한자를 거느린 10개의 부수를 이른바 10대 부수라고 한답니다. 그럼 10대 부수를 익혀봅시다.

부수(部首)		한자 수	예시 한자
草 (艹)	풀 초 (초두머리)	1,500	草(풀 초), 苗(싹, 모종 묘), 葉(잎 엽), 藥(약 약), 蒼(푸를 창)
玉	구슬 옥	1,400	璽(옥새 새), 瑩(밝을 영), 琬(옥돌 완), 璧(구슬 벽)
水 (氵)	물 수 (삼수변)	1,200	氷(얼음 빙), 泉(샘 천), 淸(맑을 청), 洋(큰바다 양), 江(강 강), 海(바다 해)
木	나무 목	1,100	本(근본 본), 本(심을 식), 杖(지팡이 장), 果(열매 과), 森(삼림 삼)
言	말씀 언	1,000	記(기록할 기), 訓(가르칠 훈), 設(베풀 설), 許(허락할 허), 謠(노래 요)
心 (忄)	마음 심 (마음 심변)	920	必(반드시 필), 忍(참을 인), 志(뜻 지), 忞(용서할 용), 念(생각 념), 忙(바쁠 망), 快(쾌할 쾌), 情(뜻 정)
手 (扌)	손 수 (재방 변)	900	承(이을 승), 拏(붙잡을 나), 掌(손바닥 장), 掔(막을 방), 擊(칠 격), 打(칠 타), 技(재주 기), 投(던질 투)
金	쇠 금	870	釗(쇠 쇠), 釘(못 정), 刀(칼 도), 鐵(쇠 철), 銀(은 은)
口	입 구	950	召(부를 소), 句(글귀 구), 名(이름 명), 吐(토할 토), 告(고할 고)
絲 (糸)	실 사	780	變(변할 변), 紙(종이 지), 紗(비단 사), 紬(명주 주)

From
36Week

대화의 격이 높아지는

to

52Week

주제별 고사성어

36 Week

Day **001**   대기만성大器晚成

대기만성은 '큰 그릇을 만드는 데 오랜 시간이 걸린다'는 뜻으로 大(클 대), 器(그릇 기), 晚(늦을 만), 成(이룰 성)으로 이루어진 성어입니다. 옛날 위나라에 최염이라는 장군의 일화에서 유래된 말인데, 최염 장군이 젊어서 이름을 떨치지 못해 친척 간에 업신여김을 받던 사촌동생의 인물 됨됨이를 꿰뚫어 보고는 "큰 종이나 솥은 쉽게 만들지 못한다. 큰 인재도 이와 마찬가지인데 임은 대기만성형의 사람이니 후일에는 반드시 큰 인물이 될 것이다."라고 말하며 그를 아끼고 도와주었습니다. 최염의 사촌동생은 훗날 천자를 보필하는 높은 자리에 올랐다고 합니다.

成(이룰 성)은 뜻을 나타내는 창과(戈→창. 무기)部와 음을 나타내는 丁(정→성)이 합하여 이루어진 글자입니다. '도구를 써서 사물을 만들다 → 완성되다 → 이루어지다'는 뜻이 있습니다.

〈오늘 익혀볼 한자〉

成 이룰 성	成	成	成		
부수 戈 (창과. 4획) 총6획					

Day **002**　　마부위침磨斧爲針

중국 당나라 시인 이백이 학문을 연마하다 도중에 그만두고 돌아가는 길에 한 노인을 만났는데, 바늘을 만들기 위해 도끼를 갈고 있는 노인의 모습을 보고 크게 감명을 받습니다. 이백은 다시 산으로 들어가 학문에 정진하고 그 결과 학문을 완성했는데, 여기서 유래된 말이 바로 '마부위침'입니다. 磨(갈 마), 斧(도끼 부), 爲(할 위), 針(바늘 침)으로 이루어져, '도끼를 갈아 바늘을 만든다'는 뜻으로 아무리 이루기 힘든 일도 끊임없는 노력과 끈기로 성공하려는 의지를 나타냅니다.

爲(할 위)는 '원숭이가 발톱을 쳐들고 할퀴려는 모양'을 본뜬 글자로, '하다·이루다·만들다·다스리다'라는 뜻과 '남을 위하다·나라를 위하다'는 뜻이 있습니다.

〈오늘 익혀볼 한자〉

爲 할 위	爲	爲	爲		
부수 爪 (손톱조, 4획) 총12획					

Day **003**   금의환향錦衣還鄉

금의환향은 錦(비단 금), 衣(옷 의), 還(돌아올 환), 鄕(시골 향)으로 이루어져 '비단옷을 입고 고향에 돌아온다' 즉, 출세하여 고향에 돌아온다는 뜻의 성어입니다.

還(돌아올 환)은 뜻을 나타내는 책받침(辶(=辵) → 쉬엄쉬엄 가다)部와 음을 나타내는 동시에 돌아옴의 뜻을 나타내는 글자 睘(경)으로 이루어진 글자로 '갔다 돌아오다'는 뜻이 있습니다.

〈오늘 익혀볼 한자〉

還 돌아올 환	還	還	還		
부수 辶 (책받침, 3획) 총16획					

Day **004**　　입신양명立身揚名

입신양명은 '사회적으로 인정을 받고 출세하여 이름을 세상에 드날림'을 가리키는 말로, 立(설 입), 身(몸 신), 揚(날릴 양), 名(이름 명)으로 이루어져 있습니다. 비슷한 뜻의 말로는 등달(騰達), 등용문(登龍門), 입신출세(立身出世) 등이 있습니다.

揚(날릴 양)은 뜻을 나타내는 재방변(扌(=手)→손)部와 음을 나타내는 글자 昜(양→오름. 위)이 합하여 이루어진 글자입니다. '날리다. 하늘을 날다, 오르다, 올리다' 등의 뜻이 있습니다.

〈오늘 익혀볼 한자〉

揚 날릴 양	揚	揚	揚		
부수 扌 (재방변, 3획) 총12획					

Day **005**　삼도지몽三刀之夢

진나라 장군 왕준은 늘 칼 세 자루를 들보에 걸어 놓았는데, 들보에 또 한 자루를 더 거는 꿈을 꾸고 꺼림칙하게 생각하던 중에 부하가 축하하면서 삼도(三刀), 즉 이는 주(州)를 뜻하니 한 칼을 더하면 익주의 지방장관이 되는 중이라고 말합니다. 왕준은 과연 다음날 익주자사(益州刺史)에 임명되었다고 합니다. 여기서 유래된 성어가 바로 '삼도지몽'입니다. 三(석 삼), 刀(칼 도), 之(갈 지), 夢(꿈 몽)으로 이루어져, 높은 직위로 올라감을 의미하는 사자성어입니다.

〈오늘 익혀볼 한자〉

夢 꿈 몽	夢	夢	夢		
부수 夕 (저녁석, 3획) 총14획					

다음 문장에 들어갈 알맞은 사자성어를 써 넣어보세요.

1. 그는 (   )하기 위해 피나는 노력을 했다.

2. 오랜 무명 시절을 겪으며 비로소 연기력을 인정받은 그는 전형적인 (   )

   형 인재다.

3. 특임 장관이 고위공직자의 자세에 대해 연설하며, 어떤 어려움이 있어도 끝까

   지 노력하여 이루어야 한다며 (   )을 강조했다.

4. 그는 세계 대회에서 우승하고 고향 강릉으로 (   )했다.

A. 입신양명/대기만성/마부위침/금의환향

Day 001   삼성오신三省吾身

중국 춘추시대의 유학자 증자가 "나는 날마다 세 번 내 몸을 살피니, 사람을 위하여 일을 도모함에 충성스럽게 아니 했는가? 벗과 더불어 사귀되 믿음을 잃지는 않았던가? 스승에게 배운 것을 익히지 아니 했는가?"라고 말한 데서 비롯된 사자성어입니다. 三(석 삼), 省(살필 성), 吾(나 오), 身(몸 신)으로 이루어져 '날마다 세 번씩 내 몸을 살핀다', 즉, '하루에 세 번씩 자신의 행동을 반성한다'는 뜻이 있습니다.

省(살필 성)은 작은(少) 것까지 자세히 본다(目)는 것으로 '살피다'를 뜻하는 글자입니다. 자세히 상대편을 본다는 대서 스스로를 깊이 반성한다는 뜻으로도 되고, 또 少(소) 때문에 '덜다→생략하다'란 뜻으로도 쓰입니다.

〈오늘 익혀볼 한자〉

省 살필 성	省	省	省	
부수 目 (눈목, 5획) 총9획				

Day **002** 타산지석他山之石

『시경(詩經)』, 소아편 학명에 나오는 시의 한 구절에서 비롯된 말입니다. 他(다를 타),
山(메 산), 之(갈지), 石(돌 석)으로 이루어져 '다른 산의 돌', 즉, '다른 산에서 나는 거
칠고 나쁜 돌이라도 숫돌로 쓰면 옥을 갈 수 있으므로, 다른 사람의 하찮은 언행
도 자신의 지덕을 닦는 데 도움이 됨을 비유해 이르는 말'입니다.

也(타)는 뜻을 나타내는 사람인변(亻(=人)→사람)部와 음을 나타내는 동시에 뜻을 나
타내는 也(타)가 합하여 이루어진 글자입니다. 타인(他人)과 같이 '다르다', '다른'의
의미로 쓰입니다.

〈오늘 익혀볼 한자〉

他 다를 타	他	他	他		
부수 亻 (사람인변, 2획) 총5획					

Day **003**   구화지문口禍之門

口(입 구), 禍(재앙 화), 之(갈지), 門(문 문)으로 이루어져 '입은 재앙을 불러들이는 문이 된다'는 뜻으로 말을 조심해야 한다는 교훈이 담긴 사자성어입니다. 같은 뜻을 가진 말로는 구시화문(口是禍門), 사불급설(駟不及舌)이 있습니다.

禍(재앙 화)는 뜻을 나타내는 보일시(示=礻) → 보이다. 신)部와 음을 나타내는 동시에 문책(問責)의 뜻을 나타내는 글자 咼(화)로 이루어진 글자입니다. '신의 문책', 즉 '재앙'을 뜻합니다.

〈오늘 익혀볼 한자〉

禍 재앙 화	禍	禍	禍		
부수 礻 (보일시변, 4획) 총12획					

Day **004** 교편지마嚙鞭之馬

嚙(깨물 교), 鞭(채찍 편), 之(갈 지), 馬(말 마)로 이루어져 '말이 제 고삐를 씹는다'는 뜻으로, 자신과 친인척을 헐뜯으면 결국 자기에게 해가 됨을 이르는 말입니다.

鞭(채찍 편)은 뜻을 나타내는 가죽혁(革→가죽)部와 음을 나타내는 便(편)이 합하여 이루어진 글자로, '채찍, 회초리'라는 뜻이 있습니다.

〈관련 단어〉
- 편달鞭撻 : (어떤 사람을) 잘 할 수 있도록 따끔하게 나무라는 것. 보통 "지도와 편달을 부탁드립니다."와 같이 사용됨

〈오늘 익혀볼 한자〉

鞭 채찍 편	鞭	鞭	鞭		
부수 革 (가죽혁, 9획) 총18획					

Day **005**   촌철살인寸鐵殺人

옛날 남송에 학자 나대경(羅大經)이 손님들과 함께 나눈 담소를 기록했는데, 그것이 〈학림옥로〉입니다. 거기에 나오는 한 대목에서 '촌철살인'이 비롯되었습니다. "어떤 사람이 무기를 한 수레 가득 싣고 왔다고 해서 살인을 할 수 있는 것이 아니다. 나는 오히려 한 치도 안 되는 칼만 있어도 사람을 죽일 수 있다."는 말에서 비롯된 것입니다. '촌철(寸 마디 촌, 鐵 쇠 철)'이란 손가락 한 개 폭 정도의 무기를 의미합니다.

〈오늘 익혀볼 한자〉

鐵 쇠 철	鐵	鐵	鐵		
부수 金 (쇠금, 8획) 총21획					

다음 문장에 들어갈 알맞은 사자성어를 써 넣어보세요.

1. 그는 (   )의 논평으로 유명한 논객이다.

2. 선희는 친구 지혜의 행동을 (   ) 삼아 자신은 절대 그러지 않겠다고 결심
   했다.

3. 김 위원의 측근들은 이번에 제기된 막말 파문을 계기로 (   )을 가슴 깊이
   새겨야 한다.

4. 나한테 네 가족을 욕하는 건 좋은 해결책이 아니야. (   )라는 말을 명심해.

A. 촌철살인/타산지석/구화지문/이화공배미

Day **001** 유비무환 有備無患

'준비가 있으면 근심이 없다'는 뜻으로, 有(있을 유), 備(갖출 비), 無(없을 무), 患(근심 환)으로 이루어진 성어입니다. 같은 뜻을 가진 말로는 거안사위(居安思危), 곡돌사신(曲突徙薪), 안거위사(安居危思) 등이 있습니다.

患(근심 환)은 뜻을 나타내는 마음심(心(=忄, 㣺)→마음. 심장)部와 음을 나타내는 동시에 괴로움의 뜻을 나타내기 위한 串(관→환)으로 이루어진 글자로, '마음에 걱정이 생기는 근심'이란 뜻이 있습니다.

〈오늘 익혀볼 한자〉

患 근심 환	患	患	患		
부수 心 (마음심, 4획) 총11획					

Day **002**   극성즉패極盛則敗

너무 성(盛)하면 얼마 가지 못해 패한다는 말로, 極(극진할 극), 盛(성할 성), 則(곧 즉), 敗(패할 패)로 이루어져 있습니다. 극성지패(極盛之敗)라고도 말합니다.

盛(성할 성)은 뜻을 나타내는 그릇명(皿→그릇)部와 음(音)을 나타내는 成(성→쌓아올리다)로 이루어진 글자입니다. '접시에 신에게 바치는 음식을 높이 괴다'는 뜻이 '성하다, 성대하다'는 뜻으로 발전하였습니다.

〈오늘 익혀볼 한자〉

盛 성할 성	盛	盛	盛		
부수 皿 (그릇명, 5획) 총11획					

Day 003 권불십년權不十年

權(권세 권), 不(아닐 불), 十(열 십), 年(해 년)으로 이루어져, '권세는 10년을 넘지 못한다'는 뜻의 성어입니다. 같은 뜻으로 세불십년(勢不十年), 화무십일홍(花無十日紅) 등이 쓰입니다.

權(권세 권)은 뜻을 나타내는 나무목(木)部와 음을 나타내는 글자 雚(관→권)이 합하여 이루어진 글자로, 음을 빌어 '걸다'는 뜻이 있습니다. 이것이 '저울추'를 뜻하게 되었고, 저울추는 경중(輕重)을 나타내는 것이므로 '권세'라는 뜻을 갖게 되었습니다.

〈오늘 익혀볼 한자〉

權 권세 권	權	權	權		
부수 木 (나무목, 4획) 총22획					

Day **004** 지족지계 止足之戒

止(그칠 지), 足(발 족), 之(갈 지), 戒(경계할 계)로 이루어진 말로, '제 분수를 알아 만족할 줄 아는 경계'를 뜻합니다.

戒(경계할 계)는 창과(戈→창, 무기)部와 양손 모양의 글자로 이루어진 글자로, 창을 들고 대비하는 모습을 나타내는 글자입니다. 이것이 나아가 '경계하다'는 뜻이 되었습니다.

〈오늘 익혀볼 한자〉

戒 경계할 계	戒	戒	戒		
부수 戈 (창과, 4획) 총7획					

Day **005**　은인자중 隱忍自重

'밖으로 드러내지 않고 참고 감추어 몸가짐을 신중히 함'을 뜻하는 말로, 隱(숨을
은), 忍(참을 인), 自(스스로 자), 重(무거울 중)으로 이루어져 있습니다. 반대의 뜻을 가진
말로는 경거망동(輕擧妄動)이 있지요.

重(무거울 중)은 음을 나타내는 東(동→중)과 사람(人)이 무거운 짐을 짊어지고 있다
는 뜻이 합하여 만들어진 글자입니다.

〈오늘 익혀볼 한자〉

重 무거울 중	重	重	重		
부수 里 (마을 리, 7획) 총9획					

다음 문장에 들어갈 알맞은 사자성어를 써 넣어보세요.

1. (   )의 정신으로 노년을 준비하고 있어.

2. 전직 대통령들이 푸른 수의를 입고 있는 꼴이 (   )년이라는 말을 더욱 실
   감나게 한다.

3. 지금까지 30년을 (   ) 칼을 갈며 때를 기다려 왔습니다.

4. (   )란 말도 있지 않은가. 빨리 성공하는 것에 집중하지 말고, 기반을 잘
   다져나갈 생각을 하게.

39 Week

Day **001**   등화가친 燈火可親

등화가친은 燈(등 등), 火(불 화), 可(옳을 가), 親(친할 친)으로 이루어진 사자성어입니다. '등불을 가까이 할 수 있다'는 뜻으로, 가을밤은 시원하고 상쾌하므로 등불을 가까이 하여 글 읽기에 좋음을 이르는 말입니다.

親(친할 친)은 뜻을 나타내는 볼견(見)部와 음을 나타내는 글자 亲(친→많은 나무가 포개어 놓여 있다는 의미)이 합하여 이루어진 글자로, '나무처럼 많은 자식들을 부모가 보살핀다'는 뜻이 점차 변해 '친하다'는 뜻으로 쓰이게 되었습니다.

〈오늘 익혀볼 한자〉

親 친할 친	親	親	親		
부수 見 (볼견, 7획) 총16획					

Day **002**   삼여지공三餘之功

독서하기에 가장 좋은 환경인 '겨울, 밤, 음우(陰雨)'를 일컫는 말로, 三(석 삼), 餘(남을 여), 之(갈지), 功(공 공)으로 이루어져 있습니다.

餘(남을 여)는 뜻을 나타내는 밥식변(飠=食)→먹다. 음식)部와 음을 나타내는 余(여)가 합한 글자입니다. '남다', '남기다', '나머지', '여가', '여분'의 뜻을 갖고 있습니다.

〈오늘 익혀볼 한자〉

餘 남을 여	餘	餘	餘		
부수 飠 (밥식변, 8획) 총16획					

215

Day **003**   위편삼절韋編三絶

韋(가죽 위), 編(엮을 편), 三(석 삼), 絶(끊을 절)로 이루어진 사자성어로, 종이가 없던 옛날에는 대나무에 글자를 써서 책으로 만들어 사용했었는데, 공자가 책을 하도 많이 읽어서 그것을 엮어 놓은 끈이 세 번이나 끊어졌단 데에서 비롯된 말입니다. 한 권의 책을 몇 십 번이나 되풀이해서 읽음을 비유할 때 쓰입니다.

編(엮을 편)은 뜻을 나타내는 실사(糸→실타래)部와 음을 나타내는 동시에 竹簡(죽간)의 뜻을 나타내는 扁(편)으로 이루어진 글자로, 글자를 쓴 죽간을 실로 엮어서 하나로 만든 것을 의미합니다. '엮다·짜다·서적을 만들다'는 뜻으로 쓰입니다.

〈오늘 익혀볼 한자〉

編 엮을 편	編	編	編		
부수 糸 (실사, 6획) 총15획					

Day **004** 경세치용 經世致用

經(지날 경), 世(인간 세), 致(이를 치), 用(쓸 용)으로 이루어진 사자성어로, '학문은 실제 사회에 이바지되는 것이어야 한다'는 유학의 한 주장을 이르는 말입니다. 같은 뜻 으로 이용후생(利用厚生)을 쓰기도 합니다.

用(쓸 용)은 물건을 속에 넣는다는 뜻에서 '꿰뚫고 나가다', '물건을 쓰다', '일이 진 행되다'는 뜻을 갖고 있습니다.

〈오늘 익혀볼 한자〉

用 쓸 용	用	用	用		
부수 用 (쓸용, 5획) 총5획					

Day **005**   독서상우讀書尙友

책을 읽음으로써 옛 현인(賢人)과 벗한다는 뜻으로, 讀(읽을 독), 書(글 서), 尙(오히려 상), 友(벗 우)로 이루어져 있습니다.

尙(오히려 상)은 八(팔)과 向(향)으로 이루어져, '오히려', '더욱이'의 뜻으로 쓰입니다.

〈오늘 익혀볼 한자〉

尙 오히려 상	尙	尙	尙		
부수 小 (작을소, 3획) 총8획					

다음 문장에 들어갈 알맞은 사자성어를 써 넣어보세요.

1. 경희는 (   )을 하며 여름 방학을 보냈다.

2. 가을은 (   )의 계절이다.

3. 당신은 주자학의 공리공론을 비판하고 (   )을 부르짖은 사람 아닌가?

4. 독서하기에 딱 좋은 지금이 (   )이 아닐까?

A. 남가일몽/등화가친/경세치용/호연지기

Day **001** 구곡간장九曲肝腸

九(아홉 구), 曲(굽을 곡), 肝(간 간), 腸(창자 장)으로 이루어져 '아홉 번 구부러진 간과 창자', 즉, 굽이굽이 사무친 마음을 의미합니다.

曲(굽을 곡)은 대나무나 싸리로 만든 바구니 모양의 굽은 모양을 본뜬 글자로 '굽다'를 뜻합니다. 비슷한 뜻을 가진 한자로는 屈(굽힐 굴), 彎(굽을 만), 枉(굽을 왕), 橈(굽을 요)가 있습니다.

〈오늘 익혀볼 한자〉

曲 굽을 곡	曲	曲	曲		
부수 日 (가로왈, 4획) 총6획					

220

Day **002**   오매불망悟寐不忘

寤(잠 깰 오), 寐(잘 매), 不(아닐 불), 忘(잊을 망)으로 이루어져, 자나 깨나 잊지 못함을 의미하는 말입니다. 비슷한 뜻으로 전전반측(輾轉反側), 오매사복(寤寐思服) 등이 쓰입니다.

忘(잊을 망)은 뜻을 나타내는 마음심(心(=忄, 㣺)→마음. 심장)部와 음을 나타내는 亡(망→숨다. 없어지다)가 합쳐진 글자로, '주의하는 마음이 없어지다' 즉, '잊다'는 뜻이 있습니다.

〈오늘 익혀볼 한자〉

忘 잊을 망	忘	忘	忘		
부수 心 (마음심, 4획) 총7획					

221

Day **003**　　의중지인意中之人

마음속에 생각하여 정(定)해 놓은 사람, 특히 그리워하는 이성을 가리키는 말로,
意(뜻 의), 中(가운데 중), 之(갈지), 人(사람 인)으로 이루어진 성어입니다.
意(뜻 의)는 音(음→깊이 품는 일)과 心(심→심장→마음→기분)의 합자로, '뜻, 의미', '생
각'이라는 뜻이 있습니다.

〈오늘 익혀볼 한자〉

意 뜻 의	意	意	意		
부수 心 (마음심. 4획) 총13획					

Day **004**　　일각삼추一刻三秋

一(한 일), 刻(새길 각), 三(석 삼), 秋(가을 추)가 합쳐진 말로 '매우 짧은 시간이 삼 년 같다', 즉, 몹시 기다려지거나 간절함, 답답함을 이르는 말입니다.

秋(가을 추)는 禾(화→곡식)와 火(화→불→말리는 일)로 이루어진 글자로, '곡식을 베어서 말리는 계절→가을'을 의미합니다.

〈오늘 익혀볼 한자〉

秋 가을 추	秋	秋	秋		
부수 禾 (벼화, 5획) 총9획					

Day 005 옥오지애 屋烏之愛

屋(집 옥), 烏(까마귀 오), 之(갈지), 愛(사랑 애)로 이루어져 '사랑하는 사람의 집 지붕 위에 앉은 까마귀까지도 예뻐보인다', 즉, '지극한 애정'을 이르는 말입니다.

愛(사랑 애)는 천천히걸을쇠발(夂→천천히 걷다)部와 기운기엄(气→구름 기운)部가 합하여 이루어진 글자입니다. 음을 나타내는 천천히걸을쇠발(夂)部를 뺀 글자 애(가슴이 가득차다→남을 사랑하다→소중히 하다→아끼다)와 좋아하는 마음에 다가설까 말까(천천히걸을쇠발(夂→천천히 걷다))部 망설이는 마음의 뜻이 합하여 '사랑'을 뜻합니다.

〈오늘 익혀볼 한자〉

愛 사랑 애	愛	愛	愛		
부수 心 (마음심, 4획) 총13획					

다음 문장에 들어갈 알맞은 사자성어를 써 넣어보세요.

1. 그렇게도 (   ) 그리워하던 그 사람을 만났다.

2. 넌 내가 마음으로 정한 단 한 사람, (   )이야.

3. 오리정은 춘향이가 이 도령과 (   )이 녹아내리는 듯이 애끓는 이별을 나눈 곳이다.

4. (   )하더라도 참으며 기다려야 진정한 사랑을 찾을 수 있다.

225

Day **001** 안빈낙도安貧樂道

安(편안 안), 貧(가난할 빈), 樂(즐길 낙), 道(길 도)로 이루어진 말로, '가난에 구애받지 않고 평안하게 즐기는 마음으로 살아감'을 일컫는 말입니다. 비슷한 뜻으로 안분지족(安分知足)을 쓰기도 합니다.

道(길 도)는 책받침(辶(=辵)→쉬엄쉬엄 가다)部와 首(수)가 합하여 이루어진 글자입니다. 首(수)는 사람 머리와 같이 사물의 끝에 있는 것→처음→근거란 뜻을 나타내는데, 道(도)는 '한 줄로 통하는 큰 길', '도리, 이치'를 뜻합니다.

〈오늘 익혀볼 한자〉

道 길 도	道	道	道		
부수 辶 (책받침, 3획) 총13획					

226

Day **002**　빙청옥결氷淸玉潔

'얼음처럼 맑고 옥처럼 깨끗하다. 마음이 깨끗하고 조금도 티가 없음'을 나타내는 말로, 氷(얼음 빙), 淸(맑을 청), 玉(구슬 옥), 潔(깨끗할 결)로 이루어져 있습니다.

淸(맑을 청)은 뜻을 나타내는 삼수변(氵(=水, 氺))部와 음을 나타내는 동시에 푸른 색깔→깨끗이 맑아져 있는 일의 뜻을 가진 靑이 합하여 이루어진 글자입니다. '물이 맑다', '깨끗하다', '상쾌하다' 등의 의미로 씁니다.

〈오늘 익혀볼 한자〉

淸 맑을 청	淸	淸	淸		
부수 氵 (삼수변, 3획) 총11획					

Day **003** 탁영탁족濯纓濯足

濯(씻을 탁), 纓(갓끈 영), 濯(씻을 탁), 足(발 족)이 합쳐져 '갓끈과 발을 물에 담가 씻는다'는 뜻으로, 세속에 얽매이지 않고 초탈하게 살아가는 것을 비유하는 말입니다. 濯(씻을 탁)은 뜻을 나타내는 삼수변(氵 (=水, 氺)部와 음을 나타내는 동시에 두드리는 뜻을 나타내기 위한 翟(탁)으로 이루어져 있습니다.

〈오늘 익혀볼 한자〉

濯 씻을 탁	濯	濯	濯		
부수 氵 (삼수변, 3획) 총17획					

Day **004**　　운심월성雲心月性

雲(구름 운), 心(마음 심), 月(달 월), 性(성품 성)으로 이루어져 '구름 같은 마음과 달 같은 성품'이라는 뜻으로, 맑고 깨끗하여 욕심이 없음을 이르는 말입니다.

雲(구름 운)은 뜻을 나타내는 비우(雨→비, 비가 오다)部와 음을 나타내는 云(운)이 합하여 이루어진 글자로, 雨(우)는 천체와 관계가 있습니다.

〈오늘 익혀볼 한자〉

雲 구름 운	雲	雲	雲		
부수 雨 (비우, 8획) 총12획					

Day **005**   명경지수明鏡止水

明(밝을 명), 鏡(거울 경), 止(그칠지), 水(물 수)로 이루어져 맑은 거울과 고요한 물이라는 뜻으로, 사념이 전혀 없는 깨끗한 마음을 비유해 이르는 말입니다.

鏡(거울 경)은 뜻을 나타내는 쇠금(金→광물 · 금속 · 날붙이)部와 음을 나타내는 竟(경)이 합하여 이루어진 글자로, '거울이나 안경' 또는 '모범, 본보기'와 같은 뜻으로 쓰입니다.

〈오늘 익혀볼 한자〉

鏡 거울 경	鏡	鏡	鏡		
부수 金 (쇠금, 8획) 총19획					

다음 문장에 들어갈 알맞은 사자성어를 써 넣어보세요.

1. 그는 너무 착해서 마치 (　　　　)와 같이 맑은 물과 거울을 보는 듯하다.

2. 그는 남의 시선을 의식하지 않고 처한 형편에 따라 만족하고 (　　　　)하며 살
   고 있다.

3. '갓끈과 발을 물에 담가 씻는다', 즉, 세속에 얽매이지 않고 초탈하게 살아가는
   것을 비유하는 말은 (　　　　)이야.

A. 명경지수/안분지족(安分知足)/탁영탁족

231

Day **001**   수어지교水魚之交

水(물 수), 魚(물고기 어), 之(갈 지), 交(사귈 교)로 이루어져 '물과 물고기의 사귐'이란 뜻이 있습니다. 임금과 신하 또는 부부 사이처럼 매우 친밀한 관계를 이르는 말로, 서로 떨어질 수 없는 친한 사이를 일컫는 말입니다. 같은 뜻을 가진 말로는 관포지교(管鮑之交), 군신수어(君臣水魚), 수어지친(水魚之親) 등이 있습니다. 交(사귈 교)는 사람의 종아리가 교차해 있는 모양을 본뜬 글자입니다.

〈오늘 익혀볼 한자〉

交 사귈 교	交	交	交		
부수 ㅗ (돼지해머리, 2획) 총6획					

Day **002**　교우이신交友以信

화랑의 세속오계(世俗五戒)의 하나인 교우이신은 交(사귈 교), 友(벗 우), 以(써 이), 信(믿을 신)으로 이루어져, '벗을 사귐에 신의(信義)로, 사귐'이란 뜻의 사자성어입니다.

信(믿을 신)은 人(인)과 言(언→말)의 합자로, 사람이 말하는 말에 거짓이 없는 일→성실을 의미합니다.

〈오늘 익혀볼 한자〉

信 믿을 신	信	信	信		
부수 亻 (사람인변, 2획) 총9획					

Day **003**   백아절현伯牙絶絃

춘추 시대에 유명한 거문고 명인 백아가 있었습니다. 그에게는 친구 종자기가 있었는데, 백아의 거문고 연주를 들으며 그 악상을 이해하고 그 실력을 인정해주는 소중한 친구였습니다. 그런데 불행히도 종자기가 병으로 죽게 되고, 그 슬픔에 백아가 거문고 줄을 끊어버리고 다시는 거문고를 연주하지 않았다는 일화에서 유래된 말이 바로 백아절현입니다.

伯(맏 백), 牙(어금니 아), 絶(끊을 절), 絃(줄 현)으로 이루어져 '자기를 알아주는 절친한 벗 죽음을 슬퍼함'을 이르는 말입니다.

絃(줄 현)은 뜻을 나타내는 실사(糸→실타래)部와 음을 나타내는 동시에 걸다의 뜻을 가지는 玄(현)으로 이루어진 글자로, '팽팽하게 걸어 친 실, 줄'의 뜻이 있습니다.

〈오늘 익혀볼 한자〉

絃 줄 현	絃	絃	絃		
부수 糸 (실사변, 6획) 총11획					

Day 004 　문경지우刎頸之友

刎(목 벨 문), 頸(목 경), 之(갈지), 友(벗 우)로 이루어져, 생사(生死)를 같이하여 목이 떨어져도 두려워하지 않을 만큼 친한 사귐, 또는 그런 벗을 가리키는 말입니다.

頸(목 경)은 뜻을 나타내는 머리혈(頁→머리)部와 음을 나타내는 글자 巠(경)이 합하여 이루어진 글자로, '목'을 뜻합니다.

〈오늘 익혀볼 한자〉

頸 목 경	頸	頸	頸		
부수 頁 (머리혈, 9획) 총16획					

Day **005**   망년지교忘年之交

忘(잊을 망), 年(해 년), 之(갈 지), 交(사귈 교)로 이루어져, '나이 차이를 잊고 허물없이 서로 사귐'을 의미합니다. 같은 뜻으로는 망년교(忘年交), 망년지우(忘年之友) 등이 쓰입니다.

뜻을 나타내는 마음심(心(=忄, 㣺)→마음. 심장)部와 음을 나타내는 亡(망→숨다. 없어지다)이 합쳐진 글자로, '잊다'는 뜻을 가진 한자입니다.

〈오늘 익혀볼 한자〉

忘 잊을 망	忘	忘	忘		
부수 心 (마음심, 4획) 총7획					

사자성어와 그에 해당하는 뜻을 이어보세요.

1) 백아절현 •

• a. 나이 차이를 잊고 허물없이 서로 사귐

2) 망년지교 •

• b. 물과 물고기의 사귐

3) 문경지우 •

• c. 목이 떨어져도 두려워하지 않을 만큼 친한 사귐

4) 수어지교 •

• d. 자기를 알아주는 절친한 벗 죽음을 슬퍼함

5) 교우이신 •

• e. 벗을 사귐에 신의(信義)으로써 사귐

A. 1)-d, 2)-a, 3)-c, 4)-b, 5)-e

43 Week

Day **001**   이팔청춘二八靑春

二(두 이), 八(여덟 팔), 靑(푸를 청), 春(봄 춘)으로 이루어진 '이팔청춘'은 '열여섯 살 전
후의 젊은이, 젊은 나이'를 가리키는 말입니다.

春(봄 춘)은 艸(초→풀)와 屯(둔→싹 틈)과 날일(日→해)部가 합쳐져 만들어진 글자입니
다. 屯(둔)은 풀이 지상에 나오려고 하나 추위 때문에 땅속에 웅크리고 있는 모양
을 의미하는데, 春은 따뜻해져 가기는 하나 완전히 따뜻하지 못한 계절, 즉, 봄을
의미합니다.

〈오늘 익혀볼 한자〉

春 봄 춘	春	春	春		
부수 日 (날일, 4획) 총9획					

Day **002** 삼십이립三十而立

三(석 삼), 十(열 십), 而(말 이을 이), 立(설 립)으로 이루어진 말로, 서른 살이 되어 자립(自立)한다는 뜻으로, 학문이나 견식이 일가(一家)를 이루어 흔들리지 아니함을 이르는 말입니다.

〈오늘은 연령을 나타내는 한자어들을 익혀볼까요?〉

- 15세 : 지학(志學), 성동(成童)
- 20세 : 약관(弱冠), 약령(弱齡), 약년(弱年), 방년(芳年), 방령(芳齡), 묘령(妙齡), 묘년(妙年)
- 30세 : 이립(而立)
- 32세 : 이모지년(二毛之年), 이모(二毛)
- 40세 : 불혹(不惑)
- 50세 : 지명(知命), 지천명(知天命)
- 51세 : 망륙(望六)
- 60세 : 이순(耳順)
- 61세 : 화갑(華甲), 환갑(還甲), 주갑(周甲), 환력(還曆), 회갑(回甲)
- 62세 : 진갑(進甲)
- 61~70세 : 칠질(七秩)
- 70세 : 고희(古稀), 종심(從心), 희수(稀壽)
- 77세 : 희수(喜壽)
- 80세 : 팔순(八旬), 산수(傘壽), 팔질(八耊)
- 88세 : 미수(米壽)
- 90세 : 졸수(卒壽)
- 99세 : 백수(白壽)

Day **003**   관동지별冠童之別

冠(갓 관), 童(아이 동), 之(갈지), 別(나눌 별)로 이루어진 말로, '어른과 아이와의 구별'을 의미합니다. 冠(갓 관)은 쓰는 것을 뜻하는 민갓머리(冖→덮개, 덮다)部와 머리를 뜻하는 元(원)과 손을 뜻하는 寸(촌)으로 이루어진 글자로, '머리에 관을 쓰는 일, 또는 그 관'을 의미합니다.

〈오늘 익혀볼 한자〉

冠 갓 관	冠	冠	冠	
부수 冖 (민갓머리, 2획) 총9획				

Day **004**   지명지년知命之年

知(알 지), 命(목숨 명), 之(갈 지), 年(해 년)으로 이루어진 말로, '천명(天命)을 알 나이',
즉, 나이 오십을 이르는 말입니다. 命(목숨 명)은 입구(ㅁ→입. 먹다. 말하다)部와 令(령)
이 합쳐진 글자입니다. '목숨', '생명', '수명'의 뜻이 있습니다.

〈오늘 익혀볼 한자〉

命 목숨 명	命	命	命		
부수 ㅁ (입구, 3획) 총8획					

Day **005** 전정만리前程萬里

나이가 젊어 앞날이 창창하다고 말할 때 "앞길이 구만리"라는 표현을 씁니다. 같은 표현이 바로 '전정만리'인데, 前(앞 전), 程(한도 정), 萬(일 만 만), 里(마을 리)로 이루어져 '나이가 젊어 장래(將來)가 유망(有望)하다'는 뜻이 있습니다.

程(한도 정)은 뜻을 나타내는 벼화(禾→곡식)部와 음을 나타내는 呈(정)이 합쳐진 글자입니다. '한도', '길', '단위, 법칙'의 뜻으로 쓰입니다.

〈오늘 익혀볼 한자〉

程 한도 정	程	程	程		
부수 禾 (벼화, 5획) 총12획					

사자성어와 그에 해당하는 뜻을 이어보세요.

1) 전정만리 •   • a. 열여섯 살 전후의 젊은이, 젊은 나이

2) 관동지별 •   • b. 천명(天命)을 알 나이, 오십

3) 이팔청춘 •   • c. 서른 살이 되어 자립(自立)한다

4) 삼십이립 •   • d. 나이가 젊어 장래(將來)가 유망(有望)하다

5) 지명지년 •   • e. 어른과 아이와의 구별

A. 1)-d, 2)-e, 3)-a, 4)-c, 5)-b

Day **001**   부달시변不達時變

不(아닐 부), 達(통달할 달), 時(때 시), 變(변할 변)으로 이루어진 말로, 시대의 흐름에 따르지 못한다는 뜻이 있습니다. 융통성이 없고 지나치게 완고한 사람을 일컫는 말이지요.

達(통달할 달)은 뜻을 나타내는 책받침(辶(=辵) → 쉬엄쉬엄 가다)部와 음을 나타내는 羍(달→새끼 양이 수월하게 태어나는 일)로 이루어져, '사람이 장애(障礙)없이 길을 수월하게 가다→통하는 일'을 의미합니다.

〈오늘 익혀볼 한자〉

達 통달할 달	達	達	達		
부수 辶 (책받침, 3획) 총12획					

Day **002**　　망자계치亡子計齒

죽은 자식 나이 세기라는 뜻으로, '이미 지나간 쓸데없는 일을 생각하며 애석하게 여김'이란 뜻의 사자성어입니다. 亡(망할 망), 子(아들 자), 計(셀 계), 齒(이 치)로 이루어져 있습니다.

齒(이 치)는 止(지→치)는 음을 나타내는데, 이를 물고 있거나 잘 움직여 씹거나 함을 의미합니다. 이는 생장(生長)과 깊은 관계가 있는데, 때문에 '이(齒)'를 의미하기도 하지만 '나이'를 의미하기도 합니다.

〈오늘 익혀볼 한자〉

齒 이 치	齒	齒	齒		
부수 **齒** (이치, 15획) 총15획					

245

Day **003**　이주탄작以珠彈雀

以(써 이), 珠(구슬 주), 彈(탄알 탄), 雀(참새 작)으로 이루어져 '귀중한 구슬로 새를 쏜다',
즉, '작은 것을 얻으려다 큰 것을 손해 보게 됨'을 이르는 말입니다.
珠(구슬 주)는 뜻을 나타내는 구슬옥변(玉(=玉. 王)→구슬)部와 음을 나타내는 朱(주)가
합쳐진 글자로, 구슬을 의미합니다.

〈오늘 익혀볼 한자〉

珠 구슬 주	珠	珠	珠		
부수 王 (구슬옥변, 4획) 총10획					

Day **004**　　이란투석以卵投石

以(써 이), 卵(알 란), 投(던질 투), 石(돌 석)으로 이루어진 말로, '계란으로 바위치기'라는 뜻이 있습니다. 投(던질 투)는 뜻을 나타내는 재방변(扌(=手)→손)部와 음을 나타내는 글자 殳(수→투)로 이루어진 글자로, '손으로 던지다'는 뜻이 있습니다.

〈오늘 익혀볼 한자〉

投 던질 투	投	投	投		
부수 扌 (재방변, 3획) 총7획					

Day **005**　　상산구어上山求魚

上(윗 상), 山(메 산), 求(구할 구), 魚(물고기 어)로 이루어진 말로 '산 위에서 물고기를 찾는다', 즉, 당치 않은 데 가서 되지도 않는 것을 원한다는 말입니다. 같은 뜻을 가진 말로는 연목구어(緣木求魚)가 있습니다. 魚(물고기 어)는 물고기 모양을 본뜬 글자로 한자의 부수로도 쓰이며 '물고기'에 관한 뜻을 나타냅니다.

〈오늘 익혀볼 한자〉

魚 물고기 어	魚	魚	魚		
부수 魚 (물고기어, 11획) 총11획					

사자성어와 그에 해당하는 뜻을 이어보세요.

1) 부달시변 •

• a. 융통성이 없고 지나치게 완고한 사람

2) 상산구어 •

• b. 계란으로 바위치기

3) 망자계치 •

• c. 산 위에서 물고기를 찾는다

4) 이주탄작 •

• d. 이미 지나간 쓸데없는 일을 생각하며 애석하게 여김

5) 이란투석 •

• e. 작은 것을 얻으려다 큰 것을 손해 보게 됨

Day 001 　아전인수我田引水

我(나 아), 田(밭 전), 引(끌 인), 水(물 수)로 이루어진 말로, 자기 논에만 물을 끌어넣는다는 뜻이 있습니다. 즉, 자기의 이익을 먼저 생각하는 행동, 또는 억지로 자기에게 이롭도록 꾀함을 이르는 말입니다. 我(나 아)는 手(수)와 창과(戈→창, 무기)部를 합한 글자로, '나, 자기'의 뜻으로 쓰입니다.

〈오늘 익혀볼 한자〉

我 나 아	我	我	我		
부수 戈 (창과, 4획) 총7획					

Day **002**   소탐대실 小貪大失

'작은 것을 탐하다가 오히려 큰 것을 잃음'을 뜻하는 말로, 小(작을 소), 貪(탐낼 탐), 大(클 대), 失(잃을 실)로 이루어져 있습니다. 貪(탐낼 탐)은 뜻을 나타내는 조개패(貝→돈, 재물)部와 음을 나타내는 今(금→탐)으로 이루어진 글자로, '탐내다', '바라다'의 뜻이 있습니다.

〈오늘 익혀볼 한자〉

貪 탐낼 탐	貪	貪	貪		
부수 貝 (조개패, 7획) 총11획					

Day **003** 무염지욕無厭之慾

無(없을 무), 厭(싫어할 염), 之(갈지), 慾(욕심 욕)으로 이루어진 말로, '만족할 줄 모르는 끝없는 욕심'을 의미합니다. 厭(싫어할 염)은 뜻을 나타내는 민엄호(厂→굴바위, 언덕) 部와 음을 나타내는 글자 猒(염)이 합쳐진 글자로, '싫어하다', '물리다'는 뜻이 있습니다.

〈오늘 익혀볼 한자〉

厭 싫어할 염	厭	厭	厭		
부수 厂 (민엄호, 2획) 총14획					

Day 004　　감탄고토甘吞苦吐

달면 삼키고 쓰면 뱉는다는 뜻으로, 자기 비위에 맞으면 취하고 싫으면 버린다
는 뜻의 사자성어입니다. 甘(달 감), 吞(삼킬 탄), 苦(쓸 고), 吐(토할 토)로 이루어져 있
습니다.

苦(쓸 고)는 뜻을 나타내는 초두머리(艹(=艸)→풀, 풀의 싹)部와 음을 나타내는 古(고)가
합쳐진 글자로, '괴롭다' '쓰다'는 뜻이 있습니다.

〈오늘 익혀볼 한자〉

苦 쓸 고	苦	苦	苦		
부수 艹 (초두머리, 4획) 총9획					

Day **005** 교각살우矯角殺牛

矯(바로잡을 교), 角(뿔 각), 殺(죽일 살), 牛(소 우)로 이루어진 말로, 쇠뿔을 바로 잡으려다 소를 죽인다는 뜻의 사자성어입니다. 결점이나 흠을 고치려다 수단이 지나쳐 도리어 일을 그르침을 의미합니다.

矯(바로잡을 교)는 뜻을 나타내는 화살시(矢)部와 음을 나타내는 喬(교→끼우다)로 이루어진 글자로, '화살을 끼워서 바로잡는 나무→바로잡다'는 뜻이 있습니다.

〈오늘 익혀볼 한자〉

矯 바로잡을 교	矯	矯	矯		
부수 矢 (화살시, 5획) 총17획					

사자성어와 그에 해당하는 뜻을 이어보세요.

1) 무염지욕 •

2) 교각살우 •

3) 소탐대실 •

4) 감탄고토 •

5) 아전인수 •

• a. 억지로 자기에게 이롭도록 꾀함

• b. 작은 것을 탐하다가 오히려 큰 것을 잃음

• c. 만족할 줄 모르는 끝없는 욕심

• d. 자기 비위에 맞으면 취하고 싫으면 버린다

• e. 작은 흠을 고치려다 수단이 지나쳐 도리어 일을 그르침

A. 1)—c, 2)—e, 3)—b, 4)—d, 5)—a

Day **001**   사고무친四顧無親

四(넉 사), 顧(돌아볼 고), 無(없을 무), 親(친할 친)으로 이루어진 말로, 사방을 둘러보아도 친척이 없다는 뜻으로, 의지할 만한 사람이 아무도 없다는 뜻입니다. 顧(돌아볼 고)는 뜻을 나타내는 머리혈(頁→머리)部와 음을 나타내는 雇(고)로 이루어진 글자로, '머리를 돌려 보다' 즉, '돌아보다'는 뜻의 글자입니다.

〈오늘 익혀볼 한자〉

顧 돌아볼 고	顧	顧	顧		
부수 頁 (머리혈, 9획) 총21획					

Day **002** 　고립무원孤立無援

孤(외로울 고), 立(설 립), 無(없을 무), 援(도울 원)으로 이루어져 '고립되어 도움받을 곳이 없음'을 의미하는 말입니다.

孤(외로울 고)는 뜻을 나타내는 아들자(子)部와 적다는 뜻을 가지며 음을 나타내는 瓜(과→고)로 이루어진 글자입니다. 아버지를 여읜 고아를 뜻하는 것으로, 외로움을 의미합니다.

〈오늘 익혀볼 한자〉

孤 외로울 고	孤	孤	孤		
부수 子 (아들자, 3획) 총8획					

Day **003**　　고신척영孤身隻影

孤(외로울 고), 身(몸 신), 隻(외짝 척), 影(그림자 영)으로 이루어져 '외로운 몸과 하나의 그림자', 즉, 외로운 신세를 나타내는 말입니다.

影(그림자 영)은 뜻을 나타내는 터럭삼(彡→무늬, 빛깔, 머리, 꾸미다)部와 음을 나타내는 景(경→영)으로 이루어진 글자입니다. '그림자', '환상'의 의미가 있습니다.

〈오늘 익혀볼 한자〉

影 그림자 영	影	影	影		
부수 彡 (터럭삼, 3획) 총15획					

Day **004** 고운야학孤雲野鶴

孤(외로울 고), 雲(구름 운), 野(들 야), 鶴(학 학)으로 이루어져 '외로운 구름과 들판의 학', 즉, 속세를 떠난 은사(隱士)를 가리키는 말입니다.

野(들 야)는 뜻을 나타내는 마을리(里)部와 음을 나타내는 予(여→야)가 합쳐진 글자입니다. 予(여→야)는 물건과 물건을 강제로 떼어놓는 것이나, 침착하여 초조하지 않음을 나타내고, 里(리)는 사람이 사는 곳을 의미합니다. 따라서 野(야)는 마을에서 떨어진 곳, 넓고 넓은 곳을 의미합니다.

〈오늘 익혀볼 한자〉

野 들 야	野	野	野		
부수 里 (마을리, 7획) 총11획					

259

Day **005**   낙목공산落木空山

잎이 다 떨어지고 난 뒤의 텅텅 빈 쓸쓸한 산을 이르는 말로, 落(떨어질 낙), 木(나무목), 空(빌 공), 山(뫼 산)으로 이루어진 말입니다.

落(떨어질 낙)은 뜻을 나타내는 초두머리(艹(=艸)→풀)部와 음을 나타내는 洛(락)으로 이루어져, '잎이 떨어지는 것→떨어지다'는 뜻이 있습니다.

〈오늘 익혀볼 한자〉

落 떨어질 낙	落	落	落		
부수 艹 (초두머리, 4획) 총13획					

사자성어와 그에 해당하는 뜻을 이어보세요.

1) 고립무원 •

    • a. 잎이 다 떨어지고 난 뒤의 텅텅 빈 쓸쓸한 산

2) 낙목공산 •

    • b. 의지할 만한 사람이 아무도 없다

3) 고운야학 •

    • c. 고립되어 도움받을 곳이 없음

4) 사고무친 •

    • d. 속세를 떠난 은사(隱士)

5) 고신척영 •

    • e. 외로운 몸과 하나의 그림자

A. 1)—c, 2)—a, 3)—d, 4)—b, 5)—e

Day **001**   일겸사익 一兼四益

한 번의 겸손은 천(天), 지(地), 인(人)의 사자로부터의 유익함을 가져오게 한다는 뜻으로, 겸손을 강조하는 말입니다. 一(한 일), 兼(겸할 겸), 四(넉 사), 益(더할 익)으로 이루어져 있습니다.

益(더할 익)은 물수(水)部와 皿(명)이 합쳐진 글자로, 그릇 위로 물이 넘치고 있는 모양을 나타냅니다. '넘치다'라는 뜻이 발전하여 '더하다'는 뜻을 갖게 되었습니다.

〈오늘 익혀볼 한자〉

益 더할 익	益	益	益		
부수 皿 (그릇명, 5획) 총10획					

Day **002**　　포의지교布衣之交

布(베 포), 衣(옷 의), 之(갈지), 交(사귈 교)로 이루어져, '벼슬이 없는 선비와 서민의 교제',
즉, 신분이나 지위를 떠나 이익도 바라지 않는 교제를 비유해 이르는 말입니다.
之(갈 지)는 대지에서 풀이 자라는 모양을 나타낸 글자로, 전(轉)하여 간다는 뜻이
있습니다. 대명사나 '〜의'와 같은 어조사로도 쓰입니다.

〈오늘 익혀볼 한자〉

之 갈 지	之	之	之		
부수 丿 (삐침별, 1획) 총4획					

Day **003** 세이공청 洗耳恭聽

洗(씻을 세), 耳(귀 이), 恭(공손할 공), 聽(들을 청)으로 이루어져, 남의 말을 공손하게 귀 담아 듣는다는 뜻을 가진 말입니다. 같은 뜻으로 영천세이(潁川洗耳)를 쓰기도 합니다.

恭(공손할 공)은 心(심)의 변한 모양이 뜻을 나타내는 마음심밑(忄)部와 음을 나타내는 동시에 '두 손을 마주잡다'는 뜻을 가진 共(공)으로 이루어진 글자로, '공손한 마음가짐'을 나타내는 글자입니다.

〈오늘 익혀볼 한자〉

恭 공손할 공	恭	恭	恭	
부수 忄 (마음심밑, 4획) 총10획				

Day **004** 　견마지성犬馬之誠

犬(개 견), 馬(말 마), 之(갈지), 誠(정성 성)으로 이루어져 '개나 말의 정성', 즉, '임금이나 나라에 바치는 정성' 또는 그러한 자신의 정성을 겸손하게 부르는 의미의 사자성어입니다.

誠(정성 성)은 뜻을 나타내는 말씀언(言)部와 음을 나타내는 成(성)으로 이루어진 글자로, '정성'을 뜻합니다.

〈오늘 익혀볼 한자〉

誠 정성 성	誠	誠	誠		
부수 言 (말씀언, 7획) 총13획					

Day **005**　　겸양지덕謙讓之德

겸손하게 사양하는 미덕을 일컫는 말로, 謙(겸손할 겸), 讓(사양할 양), 之(갈지), 德(큰 덕)
으로 이루어져 있습니다.

讓(사양할 양)은 뜻을 나타내는 말씀언(言)部와 음을 나타내는 襄(양→다툰다)으로 이
루어진 글자로, 서로 말다툼하다는 뜻이 전(轉)하여 '사양하다'는 뜻을 갖게 되었습
니다.

〈오늘 익혀볼 한자〉

讓 사양할 양	讓	讓	讓		
부수 言 (말씀언, 7획) 총24획					

사자성어와 그에 해당하는 뜻을 이어보세요.

1) 일겸사익 •

    • a. 신분이나 지위를 떠나 이익도 바라지 않는 교제
를 비유해 이르는 말

2) 포의지교 •

    • b. 한 번의 겸손은 천(天), 지(地), 인(人)의 사자로부
터의 유익함을 가져오게 한다

3) 세이공청 •

    • c. 남의 말을 공손하게 귀담아 듣는다

4) 견마지성 •

    • d. 겸손하게 사양하는 미덕

5) 겸양지덕 •

    • e. 임금이나 나라에 바치는 정성

A. 1)—b, 2)—a, 3)—c, 4)—e, 5)—d

Day 001 　일엽지추一葉知秋

一(한 일), 葉(잎 엽), 知(알 지), 秋(가을 추)로 이루어져 '나뭇잎 하나가 떨어짐을 보고 가을이 오는 것을 안다', 즉, 한 가지 일을 보고 장차 오게 될 일을 미리 짐작한다는 뜻입니다.

知(알 지)는 口(구)와 矢(시→화살)가 합쳐진 글자로, 화살이 활에서 나가듯이 입에서 나오는 말을 의미합니다. 많이 알고 있으면 화살(矢)처럼 말(口)이 빨리 나간다는 뜻이 더해져 '알다'를 뜻합니다.

〈오늘 익혀볼 한자〉

知 알 지	知	知	知		
부수 矢 (화살시, 5획) 총8획					

Day 002   인명재천 人命在天

사람의 목숨은 하늘에 있다는 뜻으로, 人(사람 인), 命(목숨 명), 在(있을 재), 天(하늘 천)으로 이루어져 있습니다.

天(하늘 천)은 사람이 서 있는 모양(大)과 그 위로 끝없이 펼쳐져 있는 하늘(一)이 합쳐진 글자로, '하늘'을 뜻합니다.

〈오늘 익혀볼 한자〉

天 하늘 천	天	天	天		
부수 大 (큰대, 3획) 총4획					

Day **003**   득실상반得失相半

得(얻을 득), 失(잃을 실), 相(서로 상), 半(반 반)으로 이루어져 '얻고 잃는 것이 서로 반이다', 즉, '얻는 것이 있으면 잃는 것도 있다'는 의미의 말입니다. 이로움과 해로움이 서로 마찬가지라는 뜻이지요. 半(반 반)은 소(牛)를 해부하듯이 물건을 나누는 일, 즉, 나눈 반을 의미하는 글자입니다.

〈오늘 익혀볼 한자〉

半 반 반	半	半	半		
부수 十 (열십, 2획) 총5획					

Day 004　　생자필멸 生者必滅

생명이 있는 것은 반드시 죽는다는 의미의 말로, 生(날 생), 者(놈 자), 必(반드시 필), 滅(꺼질 멸)로 이루어져 있습니다.

滅(꺼질 멸)은 뜻을 나타내는 삼수변(氵)部와 음을 나타내는 동시에 '없어지다'라는 뜻을 나타내는 글자 威(멸)로 이루어져, '물이 다하여 없어지다' 즉, '멸망하다'는 뜻의 글자입니다.

〈오늘 익혀볼 한자〉

滅 꺼질 멸	滅	滅	滅		
부수 氵 (삼수변, 3획) 총13획					

Day **005**　　　고진감래苦盡甘來

苦(쓸 고), 盡(다할 진), 甘(달 감), 來(올 래)로 이루어져 '쓴 것이 다하면 단 것이 온다', 즉, '고생 끝에 낙이 온다'는 의미의 사자성어입니다.

盡(다할 진)은 뜻을 나타내는 그릇명(皿)部와 음을 나타내는 동시에 '다하다'라는 뜻의 부수(部首)를 제외한 글자가 합쳐진 글자로, '그릇 속을 비우다'는 뜻에서 '다하다, 남김없이'라는 뜻이 되었습니다.

〈오늘 익혀볼 한자〉

盡 다할 진	盡	盡	盡		
부수 皿 (그릇명, 5획) 총14획					

사자성어와 그에 해당하는 뜻을 이어보세요.

1) 득실상반 •   • a. 사람의 목숨은 하늘에 있다

2) 일엽지추 •   • b. 한 가지 일을 보고 장차 오게 될 일을 미리 짐작
                        한다

3) 인명재천 •   • c. 고생 끝에 낙이 온다

4) 생자필멸 •   • d. 얻는 것이 있으면 잃는 것도 있다

5) 고진감래 •   • e. 생명이 있는 것은 반드시 죽는다

A. 1)–d, 2)–b, 3)–a, 4)–e, 5)–c

Day **001**   초부득삼初不得三

初(처음 초), 不(아닐 부), 得(얻을 득), 三(석 삼)으로 이루어져, 처음에 실패한 것이 세 번째는 성공한다는 뜻의 사자성어입니다. 즉, 꾸준히 하면 성공할 수 있다는 말입니다. 得(얻을 득)은 두인변(彳→걷다)部와 貝(패→화폐)와 寸(촌→손)이 합쳐진 글자로, '얻다', '손에 넣다', '만족하다'는 뜻이 있습니다.

〈tip〉
不(아닐 부, 아닐 불): 不뒤에 'ㄷ', 'ㅈ'으로 시작하는 단어가 나오면 '부'로 발음. 나머지는 '불'로 발음. 不定(부정), 不動産(부동산). 不勞所得(불로소득), 不便(불편), 不孝(불효)

〈오늘 익혀볼 한자〉

得 얻을 득	得	得	得		
부수 彳 (두인변, 3획) 총11획					

Day **002**   십벌지목十伐之木

열 번 찍어 안 넘어가는 나무 없다는 말로, 十(열 십), 伐(칠 벌), 之(갈지), 木(나무 목)으로 이루어져 있습니다. 결국, 끊임 없이 노력하면 무엇이든 해낼 수 있다는 의미의 사자성어입니다.

伐(칠 벌)은 창과(戈→창. 무기)部와 사람인(人)部가 합쳐진 글자로, 사람의 목을 잘라 죽이는 모양을 나타냅니다. 따라서 '치다', '베다'의 뜻으로 쓰입니다.

〈오늘 익혀볼 한자〉

伐 칠 벌	伐	伐	伐		
부수 亻 (사람인변, 2획) 총6획					

Day **003**   좌신현담坐薪懸膽

坐(앉을 좌), 薪(섶 신), 懸(달 현), 膽(쓸개 담)으로 이루어진 말로 '섶나무 위에 앉고, 쓸개를 걸어 두고 맛본다', 즉, 원수(怨讐)를 갚기 위해 각고의 노력을 한다는 의미가 있습니다. 같은 의미로 와신상담(臥薪嘗膽)이 있습니다.

坐(앉을 좌)는 머무는 곳을 뜻하는 土(토)와 마주 앉은 사람을 나타내는 从(종)이 합쳐져, 사람이 마주보고 멈추는 것을 나타낸 글자입니다. '앉다', '대질하다'는 의미로 쓰입니다.

〈오늘 익혀볼 한자〉

坐 앉을 좌	坐	坐	坐		
부수 土 (흙토, 3획) 총7획					

Day **004**   우공이산 愚公移山

愚(어리석을 우), 公(공평할 공), 移(옮길 이), 山(뫼 산)으로 이루어져 '남이 보기엔 어리석은 일처럼 보이지만 한 가지 일을 끝까지 밀고 나가면 언젠가는 목적을 달성할 수 있다'는 의미의 사자성어입니다. 옛날 중국의 북산에 90세의 노인 우공이 살고 있었는데, 가로막힌 산으로 인해 교통이 불편하자 가족들에게 산을 옮기겠다고 말했습니다. 자식들이 불가능한 일이라고 말하자, 자신이 하지 못하면 자식과 손자, 대를 이어 계속 해나가면 언젠가 산이 평평해질 것이라고 담담히 답했습니다. 우공의 이 이야기를 듣고 그 우직함에 감동한 황제의 명으로 결국 산이 옮겨졌다는 이야기에서 유래된 말입니다.

移(옮길 이)는 뜻을 나타내는 벼 화(禾)部와 음을 나타내는 多(다∶많음→이)로 이루어진 글자로, 곡식이 넘쳐 옮긴다는 뜻에서 '옮기다'는 뜻이 되었습니다.

〈오늘 익혀볼 한자〉

移 옮길 이	移	移	移		
부수 禾 (벼화, 5획) 총11획					

Day **005**   한마지로汗馬之勞

汗(땀 한), 馬(말 마), 之(갈지), 勞(일할 로)로 이루어져 '말이 달려 땀투성이가 되는 노고', 즉, '혁혁한 공로'를 이르는 말입니다.

勞(일할 로)는 뜻을 나타내는 힘력(力)部와 음을 나타내는 글자 熒(형→로)가 합쳐진 글자로, 힘들여 일한다는 뜻이 있습니다.

〈오늘 익혀볼 한자〉

勞 일할 로	勞	勞	勞		
부수 力 (힘력, 2획) 총12획					

사자성어와 그에 해당하는 뜻을 이어보세요.

1) 초부득삼 •

• a. 혁혁한 공로

2) 십벌지목 •

• b. 처음에 실패한 것이 세 번째는 성공한다

3) 좌신현담 •

• c. 열 번 찍어 안 넘어가는 나무 없다

4) 우공이산 •

• d. 원수(怨讐)를 갚기 위해 각고의 노력을 한다

5) 한마지로 •

• e. 남이 보기엔 어리석은 일처럼 보이지만 한 가지 일을 끝까지 밀고 나가면 언젠가는 목적을 달성 할 수 있다

A. 1)−b, 2)−c, 3)−d, 4)−e, 5)−a

Day **001**   일촉즉발一觸卽發

一(한 일), 觸(닿을 촉), 卽(곧 즉), 發(필 발)로 이루어져, '한 번 닿기만 하여도 폭발한다' 는 뜻을 가진 말입니다. 즉, 조그만 자극에도 큰 일이 벌어지는 아슬아슬한 상태를 일컫는 말입니다.

卽(곧 즉)은 먹을 것을 많이 담은 그릇 앞에 사람이 무릎 꿇고 있음을 나타내는 글자로, 식탁에 좌정한다는 뜻에서 '자리 잡다'라는 뜻이 되고, 밀착(密着)하여 앉는 다는 뜻에서 '곧, 바로'라는 뜻을 갖게 되었습니다.

〈오늘 익혀볼 한자〉

卽 곧 즉	卽	卽	卽		
부수 卩 (병부절, 2획) 총9획					

Day **002**   구사일생九死一生

九(아홉 구), 死(죽을 사), 一(한 일), 生(날 생)으로 이루어진, '아홉 번의 죽을 고비를 넘기고 살아났다'는 뜻의 사자성어입니다. 같은 뜻으로 기사회생(起死回生), 만사일생(萬死一生), 십생구사(十生九死)가 있습니다.

死(죽을 사)의 죽을사변(歹(=歺)部는 뼈가 산산이 흩어지는 것을 나타냅니다. 사람이 죽어 영혼과 육체의 생명력이 흩어져 목숨이 다하여 앙상한 뼈만 남은 상태, 즉, '죽음'을 뜻합니다.

〈오늘 익혀볼 한자〉

死 죽을 사	死	死	死		
부수 歹 (죽을사변, 4획) 총6획					

Day **003**   오리무중伍里霧中

五(다섯 오), 里(마을 리), 霧(안개 무), 中(가운데 중)으로 이루어져, 짙은 안개가 5리나 끼어 있는 속에 있음을 의미합니다. 즉, 일의 갈피를 잡기 어려움을 나타내는 말입니다.

霧(안개 무)는 뜻을 나타내는 비우(雨)部와 음을 나타내는 동시에 덮는다는 뜻을 가진 務(무)로 이루어진 글자로, 공중을 덮는 수증기, 안개를 의미합니다.

〈오늘 익혀볼 한자〉

霧 안개 무	霧	霧	霧		
부수 雨 (비우, 8획) 총19획					

282

Day **004**　　　위기일발 危機一髮

危(위태할 위), 機(틀 기), 一(한 일), 髮(터럭 발)로 이루어진, 당장에라도 끊어질 듯한 위험한 순간을 비유하는 말입니다. 같은 뜻으로 누란지위(累卵之危), 위여일발(危如一髮) 등이 쓰입니다.

危(위태할 위)는 병부절(卩(=㔾)→무릎마디, 무릎을 꿇은 모양)部와 𠂊(우→사람이 벼랑가에 선 모양→깎은 듯이 선 벼랑→쳐다보다→위태롭다)로 이루어진 글자입니다.

〈오늘 익혀볼 한자〉

危 위태할 위	危	危	危		
부수 卩 (병부절, 2획) 총6획					

Day **005**   사면초가四面楚歌

四(넉 사), 面(낯 면), 楚(초나라 초), 歌(노래 가)로 이루어진 말로, 글자 뜻 그대로 풀이하면 '사방에서 들리는 초나라의 노래'라는 뜻입니다. 옛날 초나라 항우가 패하는 날의 일화에서 유래된 말로, 적에게 둘러싸인 상태나 누구의 도움도 받을 수 없는 고립 상태를 의미합니다.

歌(노래 가)는 뜻을 나타내는 하품흠(欠)部와 음을 나타내는 동시에 노래함의 뜻을 가진 哥(가)가 합쳐진 글자로, 노래를 뜻합니다.

〈오늘 익혀볼 한자〉

歌 노래 가	歌	歌	歌		
부수 欠 (하품흠, 4획) 총14획					

사자성어와 그에 해당하는 뜻을 이어보세요.

1) 일촉즉발 •

2) 구사일생 •

3) 오리무중 •

4) 위기일발 •

5) 사면초가 •

• a. 아홉 번의 죽을 고비를 넘기고 살아났다

• b. 당장에라도 끊어질 듯한 위험한 순간을 비유하는 말

• c. 조그만 자극에도 큰 일이 벌어지는 아슬아슬한 상태

• d. 일의 갈피를 잡기 어려움

• e. 누구의 도움도 받을 수 없는 고립 상태

A. 1)-c, 2)-a, 3)-d, 4)-b, 5)-e

Day **001**   의문지망倚門之望

倚(의지할 의), 門(문 문), 之(갈지), 望(바랄 망)으로 이루어져 '어머니가 문에 기대어 아들이 돌아오기를 기다린다', 즉, 자녀가 돌아오기를 기다리는 어머니의 마음을 의미합니다.

望(바랄 망)은 '바라다', '기대하다', '그리워하다', '망보다' 등 다양한 의미로 쓰입니다.

〈오늘 익혀볼 한자〉

望 바랄 망	望	望	望		
부수 月 (달월, 4획) 총11획					

Day **002**   연독지정 吮犢之情

吮(빨 연), 犢(송아지 독), 之(갈지), 情(뜻 정)으로 이루어진 말로, '어미 소가 송아지를 핥아 주는 정', 즉, 자식이나 부하를 아끼는 마음을 뜻합니다.

情(뜻 정)은 음을 나타내는 靑(청→정)과 마음속 따뜻한 감정이라는 뜻이 합쳐진 글자로, 순수한 타고난 성질대로의 사람의 마음을 뜻하는 글자입니다.

〈오늘 익혀볼 한자〉

情 뜻 정	情	情	情		
부수 忄 (심방변, 3획) 총11획					

Day **003** 엄부자모嚴父慈母

嚴(엄할 엄), 父(아버지 부), 慈(사랑 자), 母(어머니 모)로 이루어져, 엄한 아버지와 자애로운 어머니를 의미합니다. 아버지는 자식을 엄하게 다루고, 어머니는 사랑으로 자식을 보듬어야 한다는 뜻이 있습니다.

慈(사랑 자)는 뜻을 나타내는 마음심(心)部와 음을 나타내는 茲(자→키운다)로 이루어진 글자로, '키우는 심정'의 뜻에서 '자애를 베푼다'는 뜻이 되었습니다.

〈오늘 익혀볼 한자〉

慈 사랑 자	慈	慈	慈		
부수 心 (마음심, 4획) 총13획					

Day **004**   애자지정愛子之情

자식을 사랑하는 정을 이르는 말로, 愛(사랑 애), 子(아들 자), 之(갈지), 情(뜻 정)으로 이루어져 있습니다.

子(아들 자)는 어린아이가 두 팔을 벌리고 있는 모양을 본뜬 글자로 '아들'을 뜻합니다. 음을 빌어 십이지(十二支)의 첫째 글자로도 쓰입니다.

〈오늘 익혀볼 한자〉

子 아들 자	子	子	子		
부수 子 (아들자, 3획) 총3획					

Day **005** 　사조지별四鳥之別

四(넉 사), 鳥(새 조), 之(갈지), 別(나눌 별)로 이루어진 말로, '네 마리 새의 이별', 즉, 어미와 자식의 이별을 비유해 이르는 말입니다.

別(나눌 별)은 咼(과→另(령))와 선칼도방(刂(= 刀)→칼. 베다. 자르다)部가 합쳐진 글자로, 살과 뼈를 나누는 일을 의미하다가 이후 살에 한하지 않고 사물을 구분하는 뜻으로 쓰이게 되었습니다.

〈오늘 익혀볼 한자〉

別 나눌 별	別	別	別		
부수 刂 (선칼도방, 2획) 총7획					

사자성어와 그에 해당하는 뜻을 이어보세요.

1) 엄부자모 •　　　• a. 어미와 자식의 이별을 비유하는 말

2) 의문지망 •　　　• b. 자녀가 돌아오기를 기다리는 어머니의 마음

3) 연독지정 •　　　• c. 엄한 아버지와 자애로운 어머니

4) 사조지별 •　　　• d. 자식을 사랑하는 정

5) 애자지정 •　　　• e. 자식이나 부하를 아끼는 마음

A. 1)—c, 2)—b, 3)—e, 4)—a, 5)—d

52 Week

Day **001**　근하신년謹賀新年

謹(삼갈 근), 賀(하례할 하), 新(새 신), 年(해 년)으로 이루어진 말로, '삼가 새해를 축하한다'는 새해 인사말입니다.

新(새 신)은 뜻을 나타내는 날근(斤→도끼)部와 木(목), 음을 나타내는 辛(신)이 합쳐진 글자로, '새로운'이라는 뜻이 있습니다.

〈오늘 익혀볼 한자〉

新 새 신	新	新	新		
부수 斤 (도끼근, 4획) 총13획					

Day **002**　　근화사례近火謝禮

가까운 곳에서 불이 나 손해는 입지 않았으나 근심을 끼쳐 미안하다는 인사로, 近(가까울 근), 火(불 화), 謝(사례할 사), 禮(예도 례)로 이루어져 있습니다.

謝(사례할 사)의 言(언)은 '말을 하고 가다 → 거절하다 → 사과하다 → 인사의 말을 하다'는 뜻이 있습니다. 여기에 활이 떨어짐을 의미하는 釋(석)과 일이 해결됨을 의미하는 射(사)가 더해져 '사례하다'는 뜻의 謝(사례할 사)가 되었습니다.

〈오늘 익혀볼 한자〉

謝 사례할 사	謝	謝	謝		
부수 言 (말씀언, 7획) 총17획					

Day **003** 인간대사 人間大事

인간의 일생 중 중대한 일, 곧, 결혼과 장례를 이르는 말로, 人(사람 인), 間(사이 간),

大(클 대), 事(일 사)로 이루어져 있습니다.

옛날에는 門(문) 속에 月(월)이나 外(외)를 써서 '사이'를 표현하기도 했는데, 후에 間

(간)자가 생겨 間(간)은 사이, 閒(한)은 여가(餘暇)·조용함으로 나누어 사용하게 되었

습니다.

〈오늘 익혀볼 한자〉

間 사이 간	間	間	間		
부수 門 (문문, 8획) 총12획					

Day **004**　　천붕지통 天崩之痛

하늘이 무너지는 듯한 고통이란 뜻으로, 어버이를 잃은 슬픔을 의미하는 말입니다. 天(하늘 천), 崩(무너질 붕), 之(갈 지), 痛(아플 통)으로 이루어져 있습니다.

崩(무너질 붕)은 뜻을 나타내는 뫼산(山)部와 음을 나타내는 朋(붕)으로 이루어진 글자로, '산이 무너진다'는 뜻에서 '무너지다'는 뜻이 되었습니다.

〈오늘 익혀볼 한자〉

崩 무너질 붕	崩	崩	崩		
부수 山 (뫼산, 3획) 총11획					

Day **005**　자기혼식磁器婚式

결혼(結婚) 20주년을 뜻하는 말로, 磁(자석 자), 器(그릇 기), 婚(혼인할 혼), 式(법 식)으로 이루어져 있습니다. 사기그릇. 고령토 따위를 원료로 빚어서 아주 높은 온도로 구운 그릇이라는 뜻인데, 불 같은 시련을 이겨낸 그릇과 같은 부부 사이이지만 깨질 위험도 있다는 뜻으로 해석하기도 합니다. 이처럼 결혼 생활을 한 햇수에 따라 그것을 일컫는 말이 있답니다. 오늘은 이 용어들을 한 번 알아볼까요?

　지혼식 (紙 종이 지, 婚式) : 결혼 1주년 기념일

　고혼식 (藁 짚 고, 婚式) : 결혼 2주년 기념일

　당과혼식 (糖 엿 당, 菓 과자 과, 婚式) : 결혼 3주년 기념일

　혁혼식 (革 가죽 혁, 婚式) : 결혼 4주년 기념일

　목혼식 (木 나무 목, 婚式) : 결혼 5주년 기념일

　화혼식 (花 꽃 화, 婚式) : 결혼 7주년 기념일

　전기기구혼식 (電 번개 전, 氣 기운 기, 器 그릇 기, 具 갖출 구, 婚式): 결혼 8주년 기념일

　도기혼식 (陶 질그릇 도, 器 그릇 기, 婚式) : 결혼 9주년 기념일

　석혼식 (錫 주석 석, 婚式) : 결혼 10주년 기념일

　은혼식 (銀 은 은, 婚式) : 결혼 25주년 기념일

　진주혼식 (眞 참 진, 珠 구슬 주, 婚式) : 결혼 30주년 기념일

　산호혼식 (珊 산호 산, 瑚 산호 호, 婚式) : 결혼 35주년 기념일

　벽옥혼식 (碧 푸를 벽, 玉 구슬 옥, 婚式) : 결혼 40주년 기념일

　홍옥혼식 (紅 붉을 홍, 玉婚式) : 결혼 45주년 기념일

　금혼식 (金 쇠 금, 婚式) : 결혼 50주년 기념일

　회혼식 (回 돌아올 회, 婚式) : 결혼 60주년 기념일

　금강석혼식 (金 쇠 금, 剛 굳셀 강, 石 돌 석, 婚式) : 결혼 75주년 기념일